# やせる経済学

## 世界でいちばん経済合理的に体重を減らす方法

ロバート・バーネット／クリストファー・ペイン 著
月沢李歌子 訳

ダイヤモンド社

The Economists' Diet

by

Robert Barnett and Christopher Payne


Published by arrangement with Folio Literary Management, LLC
and Tuttle-Mori Agency, Inc.

モチベーションとインスピレーションを与え続けてくれたナディア
そして、わたしたちの子供ファリス、ハラ、サイラスにありったけの愛をこめて
――C・P・

愛する妻アン＝マリーとわたしたちの子供ジョージとラモーナへ
――R・B・

# はじめに

経済と言えば、金利、経営計画、金融政策について語る解説者――そんなイメージがあるかもしれない。だけど、それだけではない。経済は意思決定の科学でもある。経済学を用いれば、身体のために何を食べるべきか、減量後の体重を維持するためにどうすればいいかについて、より良い選択ができる。ダイエットに成功したわたしたちは、たまたま経済学が専門で、誘惑に満ちたこの世界で食べすぎないようにするにはどうすればいいか――わたしたちはそれをほんの小さな習慣と呼んでいる――を経済原理にもとづいて理解している。

経済学が体重の増加や肥満の蔓延を解決できると言ったら、まさか、と思うかもしれない。けれど、驚く必要はない。そもそも、なぜ食べすぎてしまうのかという疑問は経済学によって解ける。つまり、過去半世紀のあいだに食べものの値段が下がり、供給が増え、大量消費が可能になったからだ。食べたいという止むことのない欲求を抑える金銭的な制約がなくなれば、太りすぎと分類される人の割合が増加し続ける。

ダイエットを始めた人の多くが挫折するのは、そうした環境のせいだ。減量に関する情報が豊富にあっても、安い食べものが大量に押し寄せてきてはどうしたって勝てない。ダイエットをテーマにした本や記事は巷《ちまた》にあふれているのに、アメリカ人の7割は体重過多か肥満の状態にある。身体に良い食べものと悪い食べものの違いはわかっている。食べすぎ、飲みすぎであることもわかっている。

ハンバーガーや揚げものは避けて、野菜を食べたほうがいいのもわかっている。何をしたらいいのかはわかっているのに、実行できない。

だからこそ、わたしたちは本書を通して、大事なことを伝えなければならないと考えた。減量をし、それを維持するのは、カロリーではなく行動の問題だ、と。本書は、他のダイエット本とは違う。体重増加のメカニズムを説明したり、減量のためのハードな食事プランを提供したりはしない。菜食主義《ヴィーガン》になることや、ジュースによるデトックスや、ケールとココナッツウォーター以外は何も口にしないことを勧めるつもりもない。読者のみなさんは、そうしたことは、たぶんとっくに知っているだろう。それでも、肥満の問題は解決していない。わたしたち著者も太っていた。だが、2018年1月の時点で、わたしたちはふたり合わせて18年間、減量し、それを維持するのに成功している。クリスは2004年にダイエットを始めて、18カ月のあいだに20キロ近く体重を減らした。本書執筆の時点で、もっとも体重が重かったときよりも、25キロ痩せている。

ロブは、2014年からやはり1年半ほどで、34キロ痩せ、今もそれを維持している。

ふたりとも栄養学の専門家ではないが、経験を通して痩せるための実践的で効果的な方法を練り上げた。その方法は本書独自のものだ。

経済学にもとづいたダイエット法と聞いたら、難しい専門用語や複雑な分析だらけだと思うかもしれないが、本書のダイエットプランはとてもシンプルだ。太る原因はただひとつ。食べすぎである。遺伝的に太りにくいという幸運な人もいるかもしれないが、**痩せている人の大半は、太っている人と生まれついての体質がそれほど異なるわけではない。異なるのは行動だ。**それはデータを見れば明らかだし、著者ふたりの経験から考えても正しい。

著者のふたりは、ブルームバーグという大手の金融ソフトウェア、データ、メディア企業で働いているときに知り合った。勤務地はワシントンD.C.で、政府の行為や規制が企業に及ぼす影響を分析するのが仕事だった。仕事や仕事を中心としたライフスタイルのせいで健康な生活が遠のいたのは、多くの人と同じだ。長時間働き、絶え間ないストレスにさらされ、たっぷりと夕食をとり、提供される大量の安いスナック食品に手を伸ばした。職場の外では、時間はなくても可処分所得が十分にあるため、よく食事に出かけては、たらふく食べた。そうこうしているうちにふたりとも平均的だった体重が過多になり、さらに肥満が進んで治療が必要な水準になった。とくにロブの状態は深刻だった。ようやく減量を始めようとしたが、ふたりとも、ボディビルダーのような完璧な身体を目指す時間も、気持ちもなかった。ただ、もう1度、健康になりたかった。

そう、ふたりとも以前は太っていたが、今はそうではない。減量は簡単ではなかったけれど、痩せたことでより幸福で、健康で、概して気分良く感じている。そこでふたりの体験談を話して、減量の秘訣を伝えたいと思うようになった。本書が提案する方法を知って、読者のみなさんも減量をし、それをずっと維持してほしいと願う。一時しのぎの即効薬や、体重を落としてもすぐにリバウンドするクラッシュダイエットについて語るつもりはない。過激なダイエットは良さそうに思えるが、長く続けるのは不可能ではなくても難しい。たぶん、みなさんもやったことがあるのではないだろうか。そうしたダイエットは続かないのだ。

だが、本書が伝えようとしているのは、一生、続けられる新しい小さな習慣だ。それを身につけて、時間をかけて健康になってほしい。みなさんが以前のわたしたちのように肥満状態にあるなら、痩せるのには18カ月ほどかかるかもしれない。理想とする体重よりも10キロ太っている平均的アメリカ人なら[※1]、半年ほどかかるだろう。いずれにしても、体重を減らせば、食事に対する考え方ががらりと変わる。クラッシュダイエットのことなど考えずに、食事を心底、楽しむことができるようになる。

著者のふたりは、特別な食事療法を実行したり、減量プログラムと契約したりしたのではなく、得意とする経済学の知識を活かして痩せた。**経済理論、現実世界のデータ、個人的な体験をじっくり考えることによって、必要以上に食べたくなる衝動をコントロールするための方法と、食事に対するより健康的な考え方を作り上げた。**たとえば、1日に3回の食事という原則を忘れる。また、1日の初めに体重を量るなどだ。理由はのちほど説明しよう。

本書は経済学に根差しているが、減量の理論書ではないことを強調しておきたい。減量に成功し、その結果を維持しているふたりが書いた実用的な指南書だ。本書で提案する方法は、経済学の博士号を持っている人も、需要と供給の違いがようやくわかる程度だという人も簡単に実践できる。

減量は確かに大変だ。けれど、わたしたちにはできた。減量しても、その体重を維持するのはもっと難しい。だが、それは可能だし、その結果は努力に値する。本書によって、減量を新しい角度からとらえ、著者ふたりが学んだことをみなさん自身の生活に取り入れれば、より良い意思決定をし、新しい習慣を作り、これからずっと健康的に暮らしていくことができるだろう。

どうか頑張ってほしい。わたしたちにもできたのだから、あなたにもできるはずだ。

## 体重と健康について満足できるようになった

2007～2008年（冬）　約79キロ

2017年（夏）　約79.5キロ

## 太っていてあまりハッピーではなかった頃

2003年（秋）　約100キロ

2013年（秋）　約113キロ

やせる経済学

Contents

## 4章 買い手は用心せよ

### ——ダイエット業界のために時間と金を使わない



## 5章 均衡

### ——変化は人生のスパイスだが、肥満の原因にもなる

# 6章 配分する
## ──ごちそうを食べつつ痩せる

## おわりに

# 序
# 章

The Economists' Diet

Chapter 0

## どうして太ったのか？

実践に入る前に、わたしたち著者のことを少し話そう。本書の提案がどのように生まれたかをわかってもらえると思う。また、これから減量を始める人にとって、わたしたちの成功体験が励みになるだろう。

まずはクリスの話から。

## クリスの場合

ぼく、クリスは本書執筆時点で44歳。10年以上、健康的な体重をキープ中。およそ18カ月かけ20キロ痩せた。それ以前はずっと太っていたため（肥満症の状態のときもあった）、憂鬱な思いを抱えていた。

子供の頃はロンドン郊外のクロイドンに住んでいた。10歳のときに学校で生徒の体重に関する調査があり、そのとき自分がクラスで一番体重が多いのがわかった。けれど、そのときはそれほど気にならず、自分は他の生徒より大きいんだな、と思っただけだった。

ところが、数年後、状況は変わり、同級生にからかわれるようになった。そのせいで太っていることが気になりだし、スリムファーストを使ってみた。スリムファーストは当時流行っていた置き換えダイエット食品で、缶に入った味つきプロテインシェイクだ。[※2] 今はこうしたダイエット法を試す子供がますます増えていると思う。ぼくの場合は、おかげでいくらか痩せたけれど、長続きはしなかった。即効のダイエット法とはそんなものだ。
10代後半になると、友人と遊びに出かけて、食べるのを忘れることがよくあった。おそらく、この頃がもっとも痩せていたかもしれない。スリムではなかったけれど、太りすぎでもなかった。

大学生になり、初めて家を離れて暮らすようになって3カ月後、ずいぶん太ったことを友人に指摘された。揚げものばかり食べて、ビールばかり飲んでいるせいだ、と。それどころか「デブに見える」とも言われた（彼とは仲が良かった）。さらに、腹部と腕の下に赤い斑点が目立つようになった。原因はわからなかったが、ぼくは最悪の事態を怖れた（ぼくにはちょっと神経質なところがあった）。医者へ行くと、いくつか珍しい病気の検査をされた。結果は陰性だった。すると医者は、理由はひとつしか考えられない、と言った。ストレッチマークである。ぼくがそのとき学ぶべきだった教訓は、人間は短期間のうちにかくも簡単に太ってしまうということだ。
ぼくは太っている――自分でもそれを認めざるを得なくなったが、それでも何もしなかった。けれど、最終学年になったとき、卒業試験に取り組むとともに、ふたたびスリムファーストダイエットを試みた。前回と同じように、一時的には効果があった。ところが結局はリバウンドして、ダイエット前よりもさらに体重が増えた。

卒業後、ロンドンの金融街「シティ」で働くようになった。シティは、ローマ人が作った集落ロンディニウムがあった場所なのでそう呼ばれる。アメリカで言えば、ウォール街のようなものだ。どちらのライフスタイルもよく似ている。

ぼくは最初は投資家として、のちに株式ブローカーとして、クライアントを接待するために食事に、飲みにと頻繁に出かけた。ビジネスランチも贅沢なものだった。出張も多く、道中は機内食をむさぼり食い、現地に着くとまた豪勢な食事にありついた。食事はすばらしかった（空港のスタッフの応対はいまひとつだった）けれど、ぼくの胴回りにとってはすばらしいことではなかった。

## ■ぼくはいつも食べすぎだった

ここで少し数字を示しておこう。ぼくの身長は約178センチ。大学入学前のもっとも痩せていた頃の体重は72・5〜75キロ。3カ月後、ストレッチマークができた頃は86キロを超えていた。大学卒業時、2回目のスリムファーストダイエットのあとに、おそらく82キロ近くまでリバウンドした。その後、さらに太り続けた。

だが、太ったのは接待のせいだけではない。ぼくはいつも食べすぎだった。というのは、仕事に飽きて、苛立って、嫌気が差していたからだ。毎朝、5時42分の目覚ましとともに起き、シャワーを浴び、髭を剃り、服を着て、6時3分に家を出る。6時18分の電車に乗り、6時50分にはオフィスの自分の席に着く。7時に朝のミーティング。その後、朝食をたっぷりと食べて、8時半に顧客に電話をかけはじめる。たいがい11時から11時半までずっと忙しく、その頃にはもう疲れてうんざりしている。株を売るのはみじめな仕事だ。少なくてもぼくはそう思っている。ぼくの同僚の、全員ではなくても大半はそう思っている。営業マンとしては世界でもっとも稼げる仕事なのは確かだけれど、毎日、顧客に電話をするのはつらい。

それだけではない。ダウジョーンズやS&P500といった指標の収益率を上回る株を選んで勧めるというのは、ほぼ不可能なことだ。もちろん、確率の法則によれば、市場に「勝つ」投資家はいる。そういう人は、うまくいったのは自分に才能があったからだと考える。けれど、ぼくの長年の経験では、確率以外の理由、つまり、勝つことがあれば、負けることもあるという以上のことを納得させてくれた人はいない。それも当たり前かもしれない。不確実性に苦しむ世界では、次に何が起こるかがまったく予測できないからだ。

それは、ぼくの肥満にも関係している。ぼくは他の人よりも正しい銘柄を選ぶのに長けていたわけではないが、自分自身には正直だった。自分が市場に勝てないことを、必要とする精神的な刺激や満足感を仕事から得られなくなっていることをわかっていた。

つまり、仕事が嫌でたまらなかった。気休めと気晴らしは友人とおいしい昼食をたっぷり食べること。とくにティム、アルン、オマールとはオフィスも近かったので、4人で定期的に集まっては、ランチをしながら仕事や人生に対する愚痴をこぼし合った。食べているときは、どんどん太くなる胴回りのことなど考えもしなかった。

お気に入りの昼食はラザニア、それからフライドポテトだ。フライドポテトはイギリスではチップスと呼ばれ、大きく、分厚く、油をたっぷりと含んでいる。健康に良くないことは、栄養学に詳しくなくてもわかる。けれど、炭水化物は憂さ晴らしにはうってつけだ。さらに、スターバックスでホワイトチョコレートモカのグランデサイズを飲んで終業時間を待てば、体重はみるみる増える。もちろん、仕事が終わったあとも暴飲暴食は続く。むなしい1日を過ごしたあとは、まっすぐ家に帰ったり、運動をしたり、健康的な食事をしたりしたくない。だからパブに寄って、また仕事の愚痴をこぼした。それから家に帰り、しっかりと食べる。たとえば、パスタとか、レトルト食品とか、近くのレストランからの出前とかを。体重は増え続け、いけないと思うものの、こうした習慣を変える動機もなかった。

たまに兄のリチャードと話をした。兄もぼくのように体重の問題を抱えていた。だが、真剣な話し合いではなかったし、ボリュームのある昼食をとりながらのこともよくあった。マクドナルドで会うことも多かった。そのときは、だいたいビッグマックとポテトを注文し、さらにチーズバーガーをデザートがわりにする。そう、デザートがチーズバーガーだ。そうやって昼食の時間を引き延ばし、オフィスにはできるだけ遅く戻った。

2004年1月4日、日曜日。ぼくの暴飲暴食はクライマックスに達した。その日はクリスマスと新年の休暇の最終日で、次の日には仕事に戻らなければならなかった。また、鬱々とした1年が始まる。そこで気分を晴らすために、お気に入りのインド料理をたらふく食べた。チキン・ヴィンダルー、ピラフ、ナン、サーグ・アールーにパパダム。クリスマスにドカ食いをしたうえにこれでは、さすがに限界だと自分でも感じた。デブで不幸なぼくは、「自分の未来を敵に回した」のだ（お気に入りの映画『ウィズネイルと僕』からの引用だ）。

次の朝、ぼくはめったにやらないことをやった。つまり、体重計に乗った。100キロ。不本意ながら、肥満症の状態だ。自分にうんざりした。なぜかは今でもまだわからないが、何かをしなければならないと思った。そして、本書で提唱するダイエットを始めた。

## ロブの物語

わたしの場合もクリスに似ているが、仕事はそれほど嫌いではなかった。アメリカで肥満症が増え始めるのは1970年代から80年代にかけてだが、子供時代のわたしはとくに太ってはいなかった。ただ、がっしりした体形ではあったと思う。

思い返せば、子供の頃の食習慣は健康的なほうだった。両親は倹約家だったので、食事はほとんど家で食べた（家で食事をするのが、食べすぎのリスクを減らすことになるのはのちの章で説明する）。母は割と厳しく、わたしも姉妹も母が作ったものしか食べさせてもらえなかった。母が作ったものがブロッコリーのドリアなら、食べるものはそれだけだ。

母は、料理を一から作ることはなかった。だが、バランスは考えていた。食事の支度については、アメリカ流簡単料理の理想型とも言えるもので、箱や缶や容器から取り出したものを混ぜて、すばやく、簡単に仕上げをする。たとえば、パスタの素を使ったマカロニ料理に、冷凍ブロッコリーを添える。あるいは、角切りにしたチキンをキャンベル社のクリームマッシュルームスープに入れ、タウンハウスのクラッカーを散りばめる。こんにちの栄養学からすれば健康的な食事とは言えないかもしれないが、シンプルで量が限られているので、食べすぎることはなかった。

週に1度か2度は、家族で食事に出かけた。毎週、サウスカロライナ州シンプソンビルの合同メソジスト教会の礼拝に参加したので、おとなしくしていたご褒美に、地元のテクスメクスのレストランでブランチを食べさせてもらった。そのせいで、今でもわたしはテクスメクスの料理が好きだし、教会へ行くには目の前にニンジンをぶら下げる必要がある。母が日頃の家事から解放される必要を感じたときは、別のレストランに行った。だいたいは、ショニーズやライアンズ・ステーキハウスといった「ミート&スリー」を提供する「ファミリータイプ」のところだった。「ミート&スリー」は肉料理1品にサイドメニュー3品を選んで注文する。わたしと妹はマクドナルドのほうが良かったのだが、ファストフードの店は少なく、車で寄ることはほとんどなかった。

大学生になって家を離れると、たぶん他の人と同じようにフレッシュマン15（訳注：大学に入学して食べすぎや運動不足が原因で1年間に15ポンド太ってしまうこと）を経験したはずだが、頻繁に体重を量ったわけではないのではっきりとはわからない。わたしの身長は約178センチなので、15ポンド（約7キロ）の増加はもちろん好ましくないが、それほど目立たなかったので気にしなかった。アルコールとマリファナは別として、大学時代は、割合、健康的な生活を送った。時間がたっぷりあったから、毎日、地元のレクリエーションセンターで運動をしたし、食事については、大学の食堂の献立を選んで食べた。野菜サラダもよく食べた。これは母にも褒めてもらえそうだ。

## ■どんどん状況は悪化していった

良い習慣は必ずしも長く続くものではなく、環境にも大きく左右される。体重が増えたのを妻や子供のせいにするつもりはないものの、大学院卒業、就職、結婚、子供の誕生、そしてとくにワシントンD.C.への引っ越しによって状況は悪化した。

なかでも就職して使えるお金が増えたのが、体重増加のもっとも大きな原因だろう。院生時代はあまりお金がなく、いつも厳しい選択を迫られた。ボカグランデでブリートを食べるか、モデルカフェでパブスト・ブルーリボン（訳注：ビールの銘柄）を何杯か飲むか。わたしはビールを選ぶことが多かった。体重にとっては、それが良かったのだろう。

働き始めると、外食はほとんど誰にでも楽しめる贅沢だということに気づく。豪華なマンションを借りたり、洒落た車を買ったりするのは無理でも、ときおり外で食事をするくらいはできた。妻のアン＝マリーとわたしがボストンで働くようになってからは、外食が日常のことになった。

わたしたちはボストンのバックベイへ引っ越した。部屋はそれほど広くなかったけれど、すばらしいレストランやバーが近くにあった。クロスローズ・アイリッシュ・パブ、イースタン・スタンダードやその他地元の店のオーナーと知り合いになった。昼食もほとんど毎日、外で買った。買うことができるお金があったからだ。体重増加はわたしの行動のせいだが、それを可能にしたのは、金銭的な問題がなかったためだ。

体重増加の経緯は次の通り。大学院を出るときは約75〜77キロくらい。その後5〜6年のあいだに就職し、結婚して、体重が増え始めた。２０１１年に妻とワシントンD.C.へ引っ越そうと決めたときは約90キロ。間違いなく太りすぎだ。けれど、本格的な肥満へと向かい始めたのは、ワシントンD.C.へ移ってからだった。

ワシントンD.C.の新しい職場で働き始め、最初の2年半でさらに20キロ以上増えた。半年ごとに約4キロずつだ。２０１４年の初め、35歳のときには１１３キロに。医学的に見れば「高度の肥満症」である。

健康にも害が出始めた。まず、数年前から飲んでいた降圧剤の量がどんどん増えた。年に1度の健康診断では、コレステロール値が高いために、その治療薬も飲まなければならないと医者に告げられた。ただ、運動をして、食事に気をつけることでコレステロール値が下がるかどうかを半年間見てみようということになった。金銭的に豊かになったことで、わたしは病気になったのだ。医師の言葉が、非常ベルのように頭のなかで鳴り響いた。けれど、どうしていいかわからなかった。これまでも減量をしようとしたことはあったが、いつも元に戻ってしまう。いや、それどころか、以前よりも体重が増えた。

見た目にも好ましいものではない。同僚には「おまえの顔はラジオ向き」と冗談を言われたが、残念なことに、わたしは仕事でときどきテレビに出なければならなかった。ジョークではあったけれど、わたしが太りだしたのも確かだった。

増え続ける体重を、どうにも止めることができなかった。今から思えば、何が起こっていたのかは明らかだ。ワシントンD.C.に来たばかりだった妻とわたしは、街の店のおいしい食事を楽しみたいと思い、ボストン時代の外食の習慣を続けた。子供が生まれたばかりで外食ができないときは、ささやかな抵抗として料理をテイクアウトした。さらに、わたしには夜食をとる習慣があった。

そして、2014年の初め、体重が113キロを超え、高度肥満症に。そのとき、幸運なことに友人であり共著者のクリスと話をした。その運命の会話が交わされたのは、わたしがブルームバーグTVで最近のニュースについて話したあとだった。

会話はこんな風に始まった。

ロ　ブ：このあいだの放映、見た？
クリス：見た。良かったよ。
ロ　ブ：ありがとう。だけどさ、太ってるよね？
クリス：そうだなあ。結構、太ってるかもな。

ちぇ。だけど、クリスの言う通りだ。それから、少し話しているうちに、クリスも以前は肥満の状態にあったものの、今は体重をコントロールしていることがわかった。また、なぜわたしがこれほど太ったかも。要するに食べすぎなんだ。問題を解決するには、食べる量を減らすしかない。代謝だとか、遺伝だとかいう前に、太っている人と痩せている人は行動が違う。痩せている人は、太っている人ほど食べない。

わたしは、もちろん反発した。太っているのは自分の責任だと認めるよりも、いいわけをするほうが簡単だ。それでも、話しているうちに、体重に影響を与える重要な行動があることに、ふたりとも気づいた。そうした行動はすべて同じ原理で説明できる。それはふたりが長年学んできた経済原理だ。

## なぜ肥満が蔓延しているのか

減量のためにどうやって行動を変えるかを理解する前に、まず、なぜ現代社会に肥満が蔓延しているのかを考えてみよう。

さまざまな理由が論じられている。最近は、腸内細菌（マイクロバイオームとも呼ばれる）の種類が減ったせいだという指摘も多い。[※3] フタル酸エステル類の影響で、ホルモン系が破壊され、そのせいで太ると言う人もいる。フタル酸エステル類はプラスチックやさまざまな家庭用製品に含まれている。[※4]また、妊娠中の母親の体重が急激に増えると、赤ちゃんが体重過多の状態で生まれてきて、その影響が大人になるまで残ると論じる人もいる。同じようなことが、子供時代に抗生物質を大量に摂取した場合にも起こるらしい。一方、遺伝的な要因もある。親が太っていれば子供が太っているのはそれが理由のひとつだ。[※5]

**こうした科学的研究に異議を唱える立場にはないが、問題はおおむね単純なことではないだろうか。つまり、太る原因は食べすぎだ。**必要以上の食べものが手に入るせいだ。経済学的には、世界の多くの地域で、食料が過剰供給の状態にあると言える。

供給が増え、それによって価格が下がると、自制がきかなくなって限界に達する。本書では、そうした状況を「豊かさ」と呼ぶ。肥満の理由とされるものの多くは、豊かさによって説明できる。著者ふたりの愛読書である『ヒトはなぜ太るのか?』(ゲーリー・トーベス著　メディカルトリビューン)では、「太るのは食べすぎのせいではなく、炭水化物のせい」であることが何ページにもわたって論じられている。[※6]こうした栄養素はインスリンの分泌を引き起こし、脂肪をため込むように身体にシグナルを送る。炭水化物を多く摂れば、余分な脂肪がつくことになる。理由はあとで説明するが、パスタ、米、砂糖、パンを控えたほうがいいのは間違いない。だが、ディナーの一部として、あるいは軽食として摂るにしても、食べすぎるのは、こうした食品が豊富にあるからだ。たとえば、肥満

## 世界銀行の所得国別分類による成人の肥満率

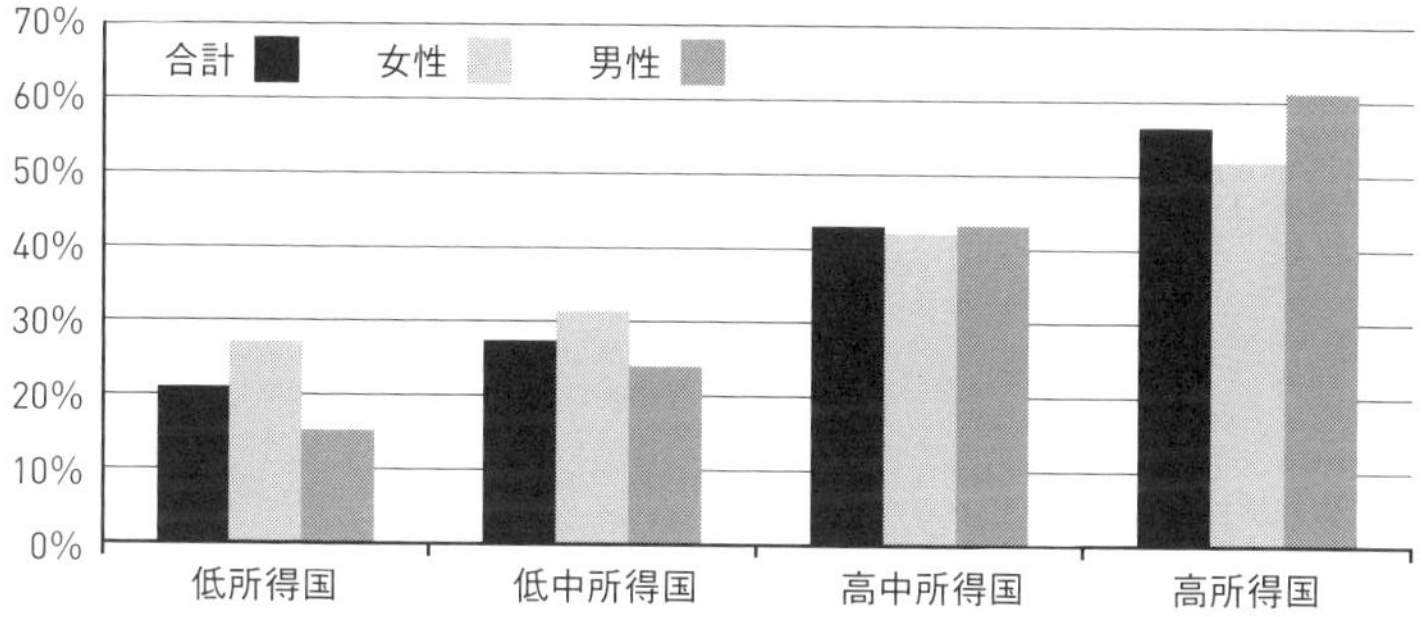


肥満の原因はさまざまだが、健康のためにより良い食べものはある。だが、このグラフが示すように、食料の大量供給がなければ、肥満率はこんにちのように高くはならない。所得が低い国は、高い国よりも肥満率が低い。

出所：世界保健機構、BMI指数25以上を肥満と定義

率は、豊かな国のもっとも貧しい人々のあいだで高くなっている。**それは、貧しい人々が炭水化物を中心とした食事で空腹を満たそうとするからだ。**大量生産技術のおかげで、こうした食品は安く生産できるようになった。販売価格が安いために、より健康な食品に比べても魅力的である。その結果、大量に買われる。

ストレスが過食につながることについては、多く論じられている。すでに述べたように、クリスがロンドンで働いていたときに過食を繰り返した理由のひとつは、仕事にストレスを感じていたからだ。だが、実を言えば、食べものがなければ、クリスがいくらストレスを感じても太ることはなかった。同様に、家族に太りやすい遺伝子が伝わっていたとしても、食料が不十分なら、そのことは何

世代ものあいだわからないだろう。[※7]

世界保健機関（ＷＨＯ）のデータは、所得と豊かさ（生産性の向上が所得の増加につながる）が肥満と関係することをはっきりと示している。29ページにあるグラフを見れば、豊かな国ほど肥満の問題を抱えているのは否定できない。

米国疾病予防センター（ＣＤＣ）は、アメリカの成人の36パーセントは肥満状態で、およそ33パーセントは体重過多だと推定している。つまり、人口の70パーセント近くが、太りすぎか肥満だということだ。[※8] 昔からずっとそうだったわけではない。１９７０年には、肥満と分類されたのはわずか15パーセント、体重過多は32パーセント。合計で47パーセントだ。[※9] いや、確かに、アメリカ人はずいぶん前から太り気味ではある。けれど、過去数十年で、それがさらに加速したのだ。

また、これはアメリカだけの問題ではない。ＷＨＯの推算では、世界の成人人口のうち35パーセントが体重過多で、11パーセントが肥満状態にある。[※10] **地球上の人々の大半が、飢餓や栄養不良ではなく、肥満やそれに関連する病気で死亡する国に住んでいることになる。**[※11]

一例として、ホームレスのように痩せている人ばかりが住んでいるとアメリカ人の多くが考えているフランスでも、肥満が問題になっている。１９９７年には、体重過多か肥満の状態にあるフランス人はわずか37パーセントだったが、２００７年には50パーセントへと増加した。[※12] 驚かずにはいられない。だって、この年にはフランス人作家のミレイユ・

ジュリアーノによる『フランス女性は太らない――好きなものを食べ、人生を楽しむ秘訣』（日経ビジネス人文庫）が出版されてベストセラーになったんだから。

## ■過食の原因

さて、それではどうして食べすぎてしまうのだろうか。

2003年、ハーバード大学の経済学者であるデヴィッド・カトラー、エド・グライザー、ジェシー・シャピロは、ジャーナル・オブ・エコノミック・パースペクティブ誌に「なぜアメリカ人はさらに太るのか？」という論文を発表した。著者たちが原因したのは、食品の加工と包装を含む大量生産技術だ。とくに、環境制御、微生物による腐敗の予防、風味の劣化抑制、水分保持、温度制御などの技術が1970年代初めから大きく進化した。こうした画期的な技術によって、食事の準備に要する時間が大幅に短縮されたと同時に、さまざまなものが食べられるようになった。食品の量が増え、種類が増え、食事の時間が増えれば、当然、過食へとつながる。[※13]

みなさんも、自分自身の習慣を振り返ってみれば、この考え方の中心にある事実に思い当たるふしがあるのではないだろうか。たとえば、最後に家で加工食品をまったく使わずに食事の支度をしたのはいつだろうか。外食はどのくらいの頻度でしているだろうか。ふだん食べているもののほとんどが、ビニール、箱、缶から取り出したものではないだろう

## 1993年と2013年の食品の平均的分量とカロリーの比較

| | 1993 | | 2013 | |
|---|---|---|---|---|
| | 分量 | カロリー | 分量 | カロリー |
| ベーグル | 直径3インチ（約7.6センチ） | 140 | 直径6インチ（約15.2センチ） | 350 |
| チーズバーガー | 1 | 333 | 1 | 590 |
| スパゲティミートボール | 1カップ、ミートボール3個（小） | 500 | 2カップ、ミートボール3個（大） | 1020 |
| 炭酸飲料 | 6.5オンス（約192ミリリットル） | 82 | 20オンス（約592ミリリットル） | 250 |
| ブルーベリーマフィン | 1.5オンス（約42.5グラム） | 210 | 5オンス（約141.7グラム） | 500 |

出所：米国国立衛生研究所※15

か。加工食品やファストフードを悪者扱いするわけではないが、そういったものは、家で基本的な材料を使って作る食事よりもたいがいカロリーが高く、胴回りがどんどん太くなる原因であるのは明らかだ。肥満の問題の多くは、加工食品の増加によって説明できる。

生産ラインにとってなにより重要なのは、供給を増やし、価格を下げることだ。1776年、スコットランドの政治経済学者であり、道徳哲学者であるアダム・スミスは、経済学書のなかでもっとも重要な書である『国富論』の冒頭で、生産技術革命によって生産性が飛躍的に伸びたことを述べた。こうした技術に加え、専業化（スミスは分業と呼んだ）が進んだことにより、アメリカのひとり当たりGDP（国内総生産）は、スミスの時代からこんにちまでにおよそ25倍になった。※14

肥満の蔓延は、食べものの生産が増えたために、食べる量が増えたことを示している。それを疑うのであれば、32ページの米国国立衛生研究所が発表したデータを見てほしい。1993年から2013年の20年間だけでも、食品の平均的分量がどれだけ増えたかがわかる。

とはいえ、加工食品が話のすべてではない。所得の増大も、どれだけ食べたいかという好みと期待を大きく変えた。供給が急増しただけでなく、需要も増えたのだ。消費量はおもに所得によって決まるからである。20世紀のもっともよく知られた経済学者であるジョン・メイナード・ケインズが1936年に第1版を発表した『雇用、利子および貨幣の一般理論』の消費に関する分析は、それを中心に論じられている。「一般的に、そして平均的に、人間は所得が増えれば、消費を増やす傾向にある」とケインズは述べている[※16]。

ケインズは、とくに食べることを言ったわけではないが、これが食品にも適用されることは時代が示している。所得の増加によって、金銭的な余裕ができるだけでなく、もっと消費したいと思うようになる。もっと大きな家、もっと良い車、もっと洒落た機器など、どんなものについてももっと良いもの、もっと大きなものが欲しくなる。食べることについても同じだ。

一見、筋が通らないようにも思う。アダム・スミスだって「食に関する欲求は、人間の

## アメリカのひとり当たりの所得とカロリー摂取

次のグラフはとてもわかりやすい。統計の専門家でなくても、過去40年間、所得の増加と日々のカロリー消費と肥満の増加との関係を読み取れるだろう。

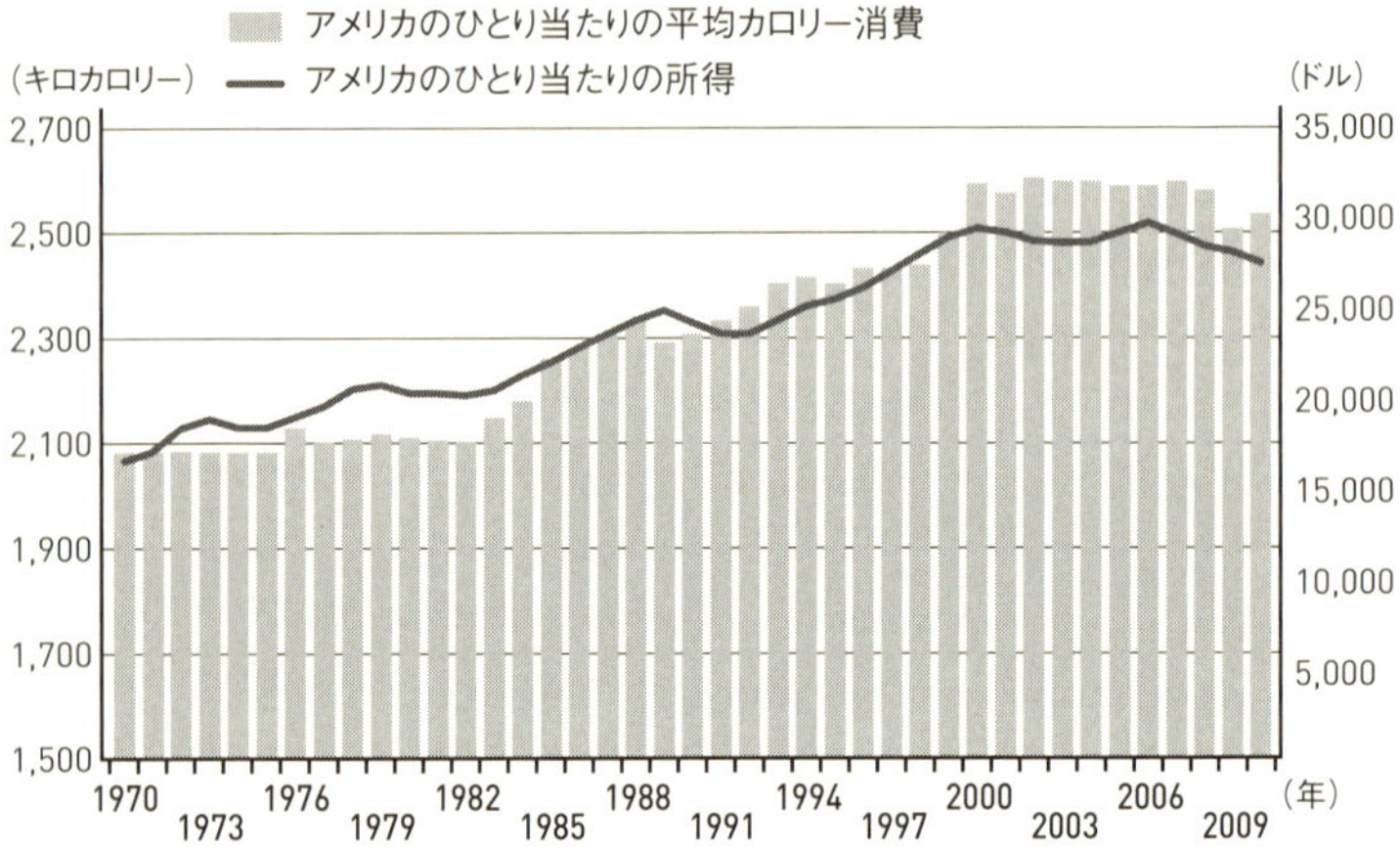


## アメリカの体重過多とひとり当たりの所得

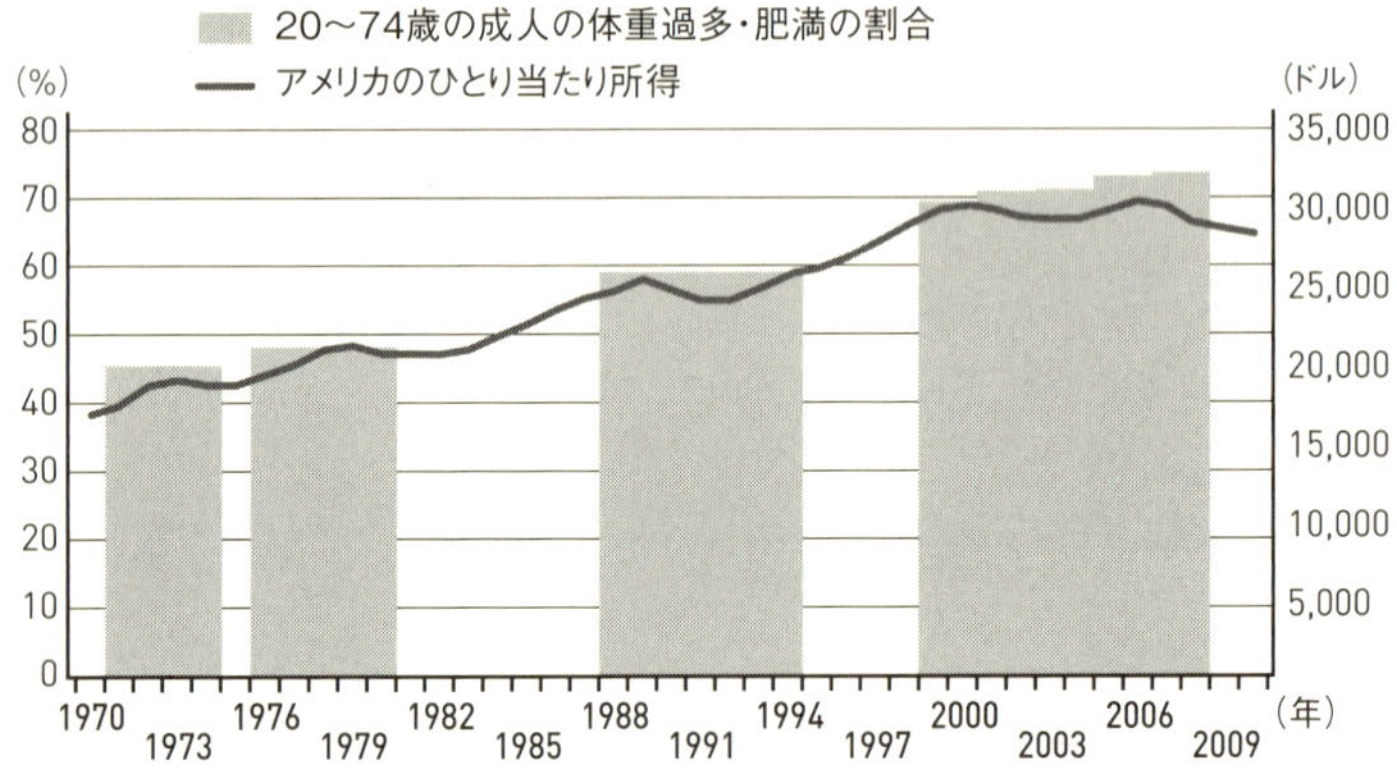


出所:米国全国保健統計センター(NCHS)※17

胃袋に限界があるために制限される」と、『国富論』で述べている。「一方、利便性、家の装飾、衣服、身の回りの品、家具への欲求には制限がない」[※18]とも言った。つまり、スミスは間違ってはいたが、論理的な推測をしたのだ。いくら稼ぎ、いくら散財しようと、人間が消費する食料の量はつねに決まっている。それは生きていくのに十分な量だ、と。

では、なぜ所得が増えると、食べる量が増えるのだろうか。

それに答えるには、また別の経済学者、ティボール・シトフスキーの考え方が役立つだろう。ケインズは消費行動は、所得といった客観的な要因よりも、楽しみ、先見の明のなさ、寛容さ、見込み違い、見栄、気前の良さなどの主観的要因に影響を受けると考えた。シトフスキーは、1976年に出版した著書『人間の喜びと経済的価値――経済学と心理学の接点を求めて』（日本経済新聞社）（ぜひ次の課題図書にしてほしい！）において、喜びの役割をさらに詳しく分析して、ふたつの感情に分けた。それが快適と快楽だ。

快適は、シトフスキーによると、覚醒が適切な水準にある状態だとされる。一方、刺激が多すぎたり、少なすぎたりすると不快になる。たとえば、空腹は刺激が少ないととらえられる。そこで、食べることによって気持ちを安定させ、最適水準の覚醒、つまり快適な状態に戻る。[※19]

**シトフスキー自身の言葉を用いれば、快適さを感じるのは、ある程度「速く」覚醒する**

**ときだ。**一方、快楽には程度がある。刺激が多すぎたり、少なすぎたりする状態から最適の状態（快適）に変わると、快楽を感じる。食べれば、空腹による不安定な気持ちから「速く離れる」ことができるために、快楽を得られるのだ。

けれど問題が起こる。快適な刺激を受けることによって経験した快楽は、最適な水準に達しても収まらない。車のドライバーの多くは、時速55マイル（時速88・5キロ）で運転すれば快楽を感じるのに、さらにスピードを上げようとする。それは、加速をすることによってこそ快楽を得られるからだ。

**言い換えれば、たとえ最適な刺激を受けて快適な状態にあっても、さらなる刺激を経験すると快楽を感じるのである。**その刺激が望まない結果につながることも関係ない。食べるのは空腹を鎮めるためなのだから、それを楽しむには空腹でなければならない。けれど、食べ始めれば、空腹が満たされても、食べるのをやめられない。もっと刺激が欲しくて、不快になるまで食べ続ける。

著者のふたりが太った体験からも、それがわかるだろう。クリスは仕事から刺激が得られなかったために、短期的な覚醒を食べることに求めた。空腹が満たされても、刺激が欲しくて、さらに食べ、間食をした。ロブも同じだ。ボストンやワシントンD.C.で得た新しい刺激が、外食だったのだ。

さて、ここまでの説明でなぜ太るのかという耳の痛い真実がわかっただろうか。世界では何百万もの人が飢餓や栄養不良に苦しんでいる一方で、富を手に入れ、それに伴う退屈さを文字通り食べることによって紛らわそうとしている人々がいるのである。食べすぎの原因が安い食べものの供給が増えたことだけでなく、より風味のある、より魅力的な、よりカロリーの高いものをもっと食べたいという欲求にもあるのだということはわたしたち著者の例がはっきりと示している。**問題は需要と供給の両方にあるのだ。**

それでも、読者のみなさんが太った理由は、また別にあるのかもしれない。著者のふたりが食べすぎた理由と、みなさんが食べすぎた理由は違うかもしれない。しかし、いずれにしても、食べる量を減らすことが唯一の解決策なのだ。本書の残りは、そのためにはどうすればいいかを示すつもりだ。

## ふたりのエコノミストはいかに減量に取り組んでいるか？

著者ふたりがどうして太ったか、なぜ食べすぎる人が多いのかはすでに説明した。さて、次はどうすべきだろか。

本書の残りの章は、食べものが豊富にある環境において、食べる量を減らすためのわかりやすい方法をさまざまな角度から論じる。すでに説明したように、本書のアドバイスは理論ではなく実用的なものだが、基本的な経済学原理にもとづいている。

1章の希少性（なぜ毎日体重を量るべきか）では、ダイエットは「みずからに課した食事の緊縮政策」であることを説明する。国家が明日の経済危機を避けるために、今日、支出を削減するように、ダイエットに取り組むときは、明日の健康を危機にさらすのを避けるために、今日、食べる量を減らすことを学ばなければならない。これが難しいのは、食べる量を減らせば、ときに空腹を耐えることになるからだ。空腹は不快だが、体重を減らすためには避けられない。空腹のときに、間食や食べすぎの誘惑と闘うさまざまな方法は提案するつもりだ。とくに、体重を毎日量れば、より良い判断ができることを、行動経済学を用いて説明する。

わたしたち著者があそこまで太ったのは、日々、大量の食べものが手に入る環境で、基本的に予算には制限がないため、際限ない需要に対して際限ない供給が行なわれるという状況が作られたからだ。それは、2章の「豊かさ（1日3食の神話をぶち壊す）」で論じるように、1日3回ちゃんとした食事を摂るべきだという社会の期待によっても示されている。この習慣に関する経済的な歴史をおおまかに説明し、この習慣は守るべき良いものではあるが（とくに間食を避けるためにも）、しっかり食べるのはそのうちの1食でいいことを論じる。

良い意思決定をするには、良い情報が必要だ。良い情報とは良いデータである。3章「データ（カロリーを計算するのではなく意識する）」では、食べものとそれが身体に及ぼす影響とのあいだに情報格差が存在することを説明する。幸運なことに、レストランや食品のパッケージにはカロリーが表示されていることが多く、それが効果的なシグナルになって、より健康的な決断をする動機づけになる。この論理を用いて、カロリー計算ではなく、カロリー意識が重要であることを主張する。カロリー計算では、データが手なずけることのできない暴君のようになってしまい、減量という長期の闘いをする味方にはならない。そこでカロリーのデータに加え、体重計を利用して、身体を使った実験を行ない、何をどれくらい食べればいいかを決める方法を説明する。章の最後に、達成と実行が可能な長期的目標を設定する。

減量をし、それを維持するのは向かい風を受けるようなものだ。食品業界は、わたしたちにもっと食べさせようとつねに努力をしている。4章の「買い手は用心せよ（ダイエット業界のために時間と金を使わない）」では、行動経済学の分野で発展した概念を用いて、なぜ誇大広告にだまされるのか、そうした嘘からどうやって自分を守ればいいかを示す。また、「買い手の危険負担」という考え方の裏にある経済哲学と、自由市場経済では、真に価値のある製品／サービスと、できるだけ多くの金を使わせようと画策したものとを見分けるのが消費者の責任である理由を説明する。

5章「均衡（変化は人生のスパイスだが、肥満の原因にもなる）」では、消費者理論とそれに関連する収穫逓減の法則を用いて、新しい味や変わった味を試そうとすることが、胴回りが太くなる大きな原因になることを説明する。さらに、同じものを繰り返し食べることは痩せるために良いので、健康な体重を維持したければ、食べるものの種類を限定すべきであることも述べる。参考のために、著者ふたりが家で食べているものを紹介し、「お勧め」を提案する。また、読者のみなさんには、均衡の概念を理解して、減量のための厳しい現実のひとつに向き合ってもらいたい。それは、ダイエットはライフスタイルであり、長期にわたって食習慣を変えるということだ。とはいえ、実践を積めば、それも容易になる。

この時点で強調したいのは、本書が提案するアドバイスに従ってもらうのは大事だが、本書は、みなさんがときには好きなものを食べるという基本的な喜びを楽しめるようにするのを目的としているということだ。たまの贅沢さえ禁止するダイエット法は必ず失敗する。どんなに決意を固くしても、犠牲にできることには限界があるからだ。6章「配分する（ごちそうを食べつつ痩せる）」では、経済学者が大好きな囚人のジレンマというモデルを用いて、人間にはごちそうを楽しむという行為が必要であり、それを受け入れるべきであることを説明する。現代ではごちそうを食べる機会はとりわけ多いが、人間は昔から、さまざまな機会にごちそうを楽しんできた。そうした慣習と折り合いつつ、体重増加を防ぐカギは、プチごちそうとプチ断食だ。断食はごちそうを食べる前に行なって摂取するカロリーを抑えてもいいし、ごちそうのあとに行なって摂取したカロリーを消費してもいい。何より大事なのは、心から楽しめないものから無駄なカロリーを摂取しないようにすることである。

本書によって経済学の原則のいくつかを学んでほしい。また、著者ふたりの体験談が励みになることを願う。さらに、本書のダイエット法を試してみてほしい。食事の量を減らし、誘惑を避けるには、努力と訓練が必要である。同様に、本書が提案する行動がうまくできるようになるには時間がかかる。けれど、簡単でわかりやすいことがこのダイエット法の強みだ。この独自の方法によってリバウンドのないダイエットを実現できることは、わたしたちが体験済みである。わたしたちができたのだから、みなさんにもできるはずだ。

# 1章 希少性

## ——なぜ毎日体重を量るべきか

The Economists' Diet

Chapter 1

# 毎日しっかり体重を量ろう

宝くじが近くのコンビニで購入できる昨今、賭け事が好きな人は衝動を抑えることを学ばなければならない。ダイエットをしようとする人も同じだ。食べものが豊富な現代では、食べる量を減らすように自分を律する必要がある。けれど、それは言葉で言うほど簡単ではない。孤島に逃れて、ココナッツや野草、木の枝で作ったヤスで捕まえた魚だけしか食べないなら話は別だが。

だからこそ、ダイエットをするときは、毎日、体重を量ろう。

それが、自分につねに正直でいるための唯一の方法だ。これが本書の最初の、そしてもっとも重要な助言である。

目の前に豊富にある食べものが、実は不足しているかのように行動するために欠かせないステップなのだ。体重計は嘘をつかない。目の前の数字が昨日より増えていようと減っていようと、必ず直面する誘惑に負けないようモチベーションを保ち続ける助けとなる。

## ダイエットはみずからに課す食事の引き締め計画

はじめにで述べたように、クリスの過食は2004年1月の冬の朝、劇的な結末を迎えた。体重計に乗ると、100キロという恐ろしい数字が目に飛び込んできた。屈辱を感じたが、悪いのは他の誰でもない。自分だ。以前からずっと太りすぎだったが、これほどまでになったのは、まさしくドカ食いの結果だった。

なんとかしなければ、とクリスは思った。自分の身体に絶望すれば、誰でもそう思うだろう。だが、どうすればいいのだろうか。大人になってからずっと、思う存分食べてきた。その習慣をどうやってやめればいいのか。おいしい食べものが24時間いつでも手に入るのに、どうやってその誘惑を退ければいいのか。

クリスは、自分の職業的観点から問題を考えることにした。景気は、歴史を振り返ると、一定期間拡大し（好景気）、その後、一定期間縮小（不景気）する。聖書では、「7年間の豊作の後、7年間の飢饉」とある。20世紀のエコノミストはこうした繰り返しを「景気循環」と呼ぶ。

クリスは、長期的な結果を考慮せず、まわりにある豊富な食べものを、好景気に乗じて自分の身体に投機した。だが、景気は必ず失速する。ある時点で、無謀な行ないのつけを払わされ、望もうと望むまいと後退するしかなくなる。自分も転換期を迎えなければならない、とクリスは思った。

つまり、食事を削減するのだ。政府または組織が財政緊縮計画を策定するときは、節約のために支出を大幅に削減しようとする。賢い役人なら、経済が壁にぶつかって崩壊しないよう徐々に減速させる前から、緊縮政策を実行し始めるだろう。けれど、緊縮は難しい。犠牲を払うのは嫌なものだ。だから、たいていは景気が底割れしてから初めて実施される。ギリシャ危機がまさにそうだった。2009年以降、外国の銀行やその他の貸し手が、長年にわたって貸した金を返済するよう、ギリシャに要求し始めた。ギリシャは債務によって支出を拡大し続け、パーティが終わりを迎えたときには、簡単には後始末ができなくなっていた。それは美しい光景ではない。本書執筆時点で、ギリシャはいまだ経済破綻を脱却しようともがいている。

クリスはギリシャのようになりたくなかった。手遅れになるまで、「債権者」(すなわち彼の健康)が債務の返済を要求し始めるまで待ちたくなかった。すでにその前兆は見られた。そこで、食べるものが欠乏している振りをすることで、食事の量を減らす決心をした。

楽しいものではないだろう。節制は楽しくない。当然ながら、クリスは節制とはほど遠い生活を送っている。クリスマス・ランチを自分の偉大な作品だと思うほどだ。クリスマスの前祝いのパーティでは、友人と特大のステーキにかぶりつき、赤ワインやビールを大量に飲み、最後にカレーをたっぷり食べる。節制をする人々は質素で厳格なので（クリスのクリスマス・ランチには招かれない）、たとえパーティを開いても（開かないだろうが）、退屈で食べものがあまり出ない、しみったれたものになりそうだ。

だからこそ、ダイエットは難しい。節制は、必要がないと感じるときは、とりわけ楽しくない。けれどクリスは、本当に必要になる前にそれを自分に課すほうが、長い目で見て、より賢明で、あまりつらくないことがわかっていた（クレジットカードの債務で苦しむ人に訊いてみるといい）。

## ■人は将来より今に価値を見出す

なぜ好景気と不景気、飽食と飢餓の循環があるのだろうか。そのパターンを知りながら、なぜわたしたちはそれを繰り返すのか。**答えは簡単だ。人間は将来の楽しみよりも、現在の楽しみにずっと多くの価値を見出すからだ。**その例はいたるところに見られる。マクロ経済レベルでは、給付金制度などの手当の支出だ。政府は、次世代の人々の負担になるのも考えず、そうした施策に大金を投じる。個人のレベルでは、今晩、外出して極上のディナーを食べるために出費をすることだ。かわりに貯蓄をすれば、家を買うという大きな満足感や、退職後に休暇を楽しみ、孫を甘やかすという楽しみを得ることができるのに。

それをわかっているはずの人々でさえ、同じようなことをする。ウォール街で働くクリスの友人は将来のための貯蓄について尋ねられ、長生きするつもりがないので、退職後のための貯蓄などしていない、と答えた。70歳になったときに現金が必要ないなら、今、手元にある分を南米横断旅行に使いたくなっても不思議はない。今日を生きよう。明日はどうでもいい。そう考えたくなる。

将来のことは本当にどうでもいいのだろうか。確かに、日々の生活に追われ、貯蓄どころではない家庭も多いかもしれない。けれど、その友人は金融の仕事をして十分すぎる給料を得ている。さらに、70歳あるいは80歳まで生きる可能性は十分にあるのに、それを意図的に無視しているのだ。友人ができるだけ早くそれに気づくのを願わずにはいられない。

この友人の貯蓄に関する考え方には驚かされるが、体重の問題を抱えている人も、まったく同じ間違いをおかしている。**今日の選択が明日の健康と幸福に悪い影響を与えることを十分にわかっていながら、過食を続けているのだから。**

本書の著者であるロブとクリスは、貯蓄は理性的に行なっているが、食習慣については先見の明がなく、計算を誤った。クリスも20代の初めの頃、体重が話題になると、自分が食べすぎだという現実に直面するのを怖れて、たぶん早死にするから、という愚かないいわけをした。体重過多あるいは肥満の状態にある友人たちも同様の弁解をしていた(もちろん、過食を続けていれば、クリスは自分が正しかったことを証明するはめになっただろう)。

老後に向けて賢明に貯蓄する人、あるいは将来の給付金制度に備えて現在の支出を抑制する政府のように、ダイエットをするには、先の人生をより楽しく、よりすばらしく、また、おそらくより長くするために、今食べる量を少なくする必要がある。減量の努力をするのは、今日、ピザあるいはケーキを余分に食べること（今の喜び）よりも、明日、痩せて健康になること（将来の喜び）に価値を置くためだ。そう考えることによって、減量が容易になるわけではないかもしれないが、長期的な目標に向かって進んでいるのを意識すれば、やる気を失わずに努力を続ける助けになるだろう。

やる気を維持するのはとても大切だ。食べる量を制限するのは、以前よりもずっと難しくなっている。歴史の大半において、人間は痩せていた。食べるものを手に入れるのは簡単ではなく、生きていくのは大変だった。日々の活動も過酷だった。その結果、手に入るものはなんでも食べるのが賢明だ、と本能的に学んだ。けれど現代では、新しい大量生産技術によって、食べものが足りなくなることがほとんどないばかりか、たいていはありあまるほどになっている。それでも、本能はいまだに目の前のものを食べるようにと告げる。となれば、アメリカ人の70パーセントが太りすぎであるのも当然だろう。

## 将来の喜びを大切にする

ダイエットを行なう前、著者のふたりはすぐに得られる満足感に負けていた。たとえば、午後4時に空腹になるとスニッカーズに手を伸ばした。

この場合、満足感を遅らせることを学ぶ必要がある。それは、血糖値が急上昇し、その後、急降下する血糖値スパイクを避けたり、数時間我慢してバランスのとれた食事を楽しんだりすることでもある。

食事を減らすのが難しいのは、すぐに得られる満足感が奪われ、何かを口に入れたいという生来の気持ちを抑えつけることになるだけでなく、空腹を感じるからでもある。空腹感は栄養の摂取が必要だという信号であり、生物にとって自然で、不可欠な現象だ。けれど、過食に慣れるとこの信号がおかしくなり、本当は食べる必要がなくても食べなさいという合図を送るようになる。たとえば、参加者が減量を競うリアリティ・テレビ番組「ザ・ビッゲスト・ルーザー」に関する2016年の研究では、極端な減量のあとには、レプチン・ホルモンのレベルが急激に下がることがわかった。[※1] レプチンは脂肪細胞によって作られ、身体に脂肪が十分に蓄えられているという信号を脳に送り、空腹感を制御するのを助ける。レプチンのレベルが急激に下がると強い空腹感が誘発されるので、お腹が空いたという感覚がより強くなると考えられている。自然とは皮肉なものだ。

人間は空腹を嫌がる。それは当然だ。空腹が不快なのは、生存のためのエネルギーを作り出すのに必要なカロリーを摂取するよう促す刺激になっているからだ。**けれど、身体が必要以上の食べものを求めるようになるなら、食べないという選択をして、その刺激に負**

**けないようにしなければならない。**食べものは豊富にあるのに、ないような振りをするのは難しい。だから、ダイエットは難しいのだ。

ダイエットを邪魔する誘惑は強く、ときには痛みさえ感じさせる。けれど、やり遂げるのは難しくても、エコノミストのように考え、将来のために節制をするのだと固く信じれば、成功するだろう。本章の残りでその方法について説明しよう。

## 飢えの恐怖に打ち勝つ

厳しい言い方ではあるが、減量し、減量後の体重を維持するには、考え方と行動を根本的に変える必要がある。節制のために、ときには空腹でいることに慣れ、チョコレートバー、ポテトチップス、あるいは食料雑貨店で売っているさまざまなスナック菓子で空腹を満たしたいという衝動を抑えなければならない。ダイエットを続けるうちに空腹に耐えるのが容易になることは、わたしたち著者の経験からわかっている。けれど、それを知っていても最初の数カ月が楽になるわけではない。

そんなことを言われると、怖じ気づく人もいるだろう。本書のダイエット法を紹介するときに問題になってきたのが、空腹に対する不安だ。だが、ダイエットをしてもしなくても、空腹感は満腹感と同じくらい頻繁に襲ってくる。結局のところ、空腹はまた食べる時間が来た、と身体が脳に知らせる手段だからだ。よってダイエット中の人は、何も考えずに食べる習慣をやめて、身体の声を聞く必要がある。

簡単でないことはわかっている。不運なことに、食料の供給は、人間がそれに順応するよう進化するよりもずっと速く増加した。そのせいで、人間には、心も身体も狩猟採集生活をしていた頃と同じような部分が残っている。ホモ・サピエンスが誕生して30万年以上になるが、定住性農業社会の歴史はわずか1万年にすぎない（西欧経済が全面的に農牧業に転換したのは、5500年前だ）。けれど、4章で説明するように、パレオダイエット（農耕社会になる前に人間が食べていたようなものを摂る食事法）を勧めるわけではない。**ただ、わたしたち人間は、目の前にあるものすべてを食べるようプログラミングされているらしい。**マーシャル・サーリンズの古典的な人類学研究である『石器時代の経済学』（法政大学出版局）では、狩猟採集時代の人々が、いかに食料を確保し、摂取していたかが説明されている。当時のような「日のあるうちに干し草を作れ」という時代なら、身体の合図を聞く前に狩りに出ることもあっただろう。けれど、食料が豊富にあり、たやすく手に入るのであれば、それは良い習慣ではない。

## ■一時しのぎの減量法は続かない

率直に言って、本書のダイエット法を含めどんなダイエット法も、効果を望むならときおりの空腹は我慢しなければならない。理論はいくらでも語ることができるが、空腹に耐えられるかどうかは本人にかかっている。空腹と折り合い、その対処法を考えるのは、減量にはとても重要だ。体重過多か肥満の人は、少しでも空腹を感じたらすぐに食べるのを習慣にしているのではないだろうか。そうしたいのは理解できる。けれど、やめなければならない。

わたしたち著者も減量前は、少しでも空腹を感じれば、すぐに何かを口にした。とはいっても、お腹がぐうっと鳴ったらすぐにレストランに駆け込んで食べものをほおばったのではなく、空腹をしのぐためにちょっとした軽食に手を伸ばした。すでに述べたように、それを我慢しなければならない金銭上の制約がなかったため、食欲に関する欲求は、ほとんどその場で満たしてきた。

スイッチをぽんと押して空腹を止めることができるなら、減量はもっと簡単だろう。市場には「奇跡」が起こることを宣伝するサプリメントが出回っている。だが、わたしたち著者はそんなものを信じていない。そんな技術は存在しないと思うからだ。空腹を我慢する必要がないと謳う一時しのぎのダイエット法は、のちの章で説明するように、まず続けることができない。空腹は、とにかく我慢するしかない。だが、どうすればいいのだろうか。

まず、空腹は飢えとは異なることを強調したい。「空きっ腹を抱える」とか「飢え死にしそう」といった表現が使われるが、それは健康的な感覚を示しているにすぎない。この世界で飢餓に苦しむ人は確かに多いが、読者のみなさんは真の飢餓、すなわち長期にわたる極度の空腹を経験したことはないだろう。食事と食事のあいだに感じる空腹は飢えではない。飢えではなく、単に腹が減っただけだ。なんの問題もない。

考えてみてほしい。最後に長時間、空腹に耐えたのはいつだろうか。食べものが安価で手に入りやすい世界にいれば、長時間の空腹は斬新な体験だ。わたしたち著者が減量を始めたときもそうだった。

空腹のせいで死ぬことはない。空腹は身体的に、あるいは気持ちのうえではつらいかもしれないが、主観的であり、基本的には「今すぐ食べものを与えろ」という胃袋からの要求なのだ。だが、わたしたちは、空腹の解釈を変えようとした。食欲を満たそうと本能的に行動する前に、一歩退いてその感覚を調べたのだ。

## やってみよう

お腹が空いたが、まだ食事の時間でないときは？ 間食をせずに空腹を耐えるにはどうすればいいかを、ダイエット中の人とそうでない人に尋ねた。ほとんどの人が、何かを飲む、と答えた。普通の水がいいという人も、ペパーミントティーあるいはコーヒー（ブラックまたは少量のミルク入り）を勧める人もいた。何かで気を紛らわせるという答えも多かった。空腹は、退屈しているときに感じることが多い。散歩に出かける、誰かに話しかける、急ぎの仕事を片づけることなどで気をまぎらせば、空腹であることを忘れられるだろう。

今、本当に空腹なのだろうか。わたしたちはそれを自分自身に問うことを学んだ。たとえば、1時になってお腹が空いたときは、今朝7時に朝食を食べたきりだから「本当」に空腹なのかもしれない、とか、朝食から2時間しか経っていないなら、朝食が消化されつつあるせいで少しお腹が空いたように感じるだけなのだろうか、とか。

身体は不思議だ。祝い事などの特別な集まりでたくさん食べた翌朝、目が覚めてすさまじい空腹を感じた経験は誰にもあるだろう。けれど、これは「本当」に空腹なのだろうか。

わたしたち著者は何年にもわたって空腹の不安と闘い、このような空腹の感覚を無視することを学んだ。そう、そうした感覚は数分もすれば消える。クリスはダイエットを始めた頃、間食の誘惑を避けるために「偽りの空腹」という考え方を使った。朝食を食べ、前の日も3食しっかり食べたのに、午前10時に空腹だということがあり得るのだろうか、と自問した。そもそも肥満に陥ったのは、この偽りの合図のせいなのだ。すると、本当の空腹と違って、その感覚は数分以内に消えることが多いのに気づいた。

## 空腹の不安を克服する戦略　その1
### 空腹の感覚が消えるまで待つ

本当に空腹なのか。まずそれを疑ってほしい。前の晩、あるいはその日それまでに何を食べたかを思い出してみるといい。少なくとも、食欲をただちに満たしてはいけない。意志の力を発揮して数分間我慢してみよう。何も食べなくてもお腹が鳴るのが止まるかもしれない。数分経ってもまだ空腹を感じるなら、食べる必要ありと判断してもいいだろう。けれど、クッキーや健康にあまり良くないスナック菓子に手を伸ばす前に、身体が何を必要としているかを少し考えてみるべきだ。昼食の1時間前なら、何も食べずに我慢できるのではないだろうか。我慢できないなら、空腹を抑えるのに最小限必要なだけを食べるようにする。果物ひと切れや少量のアーモンドはクッキーほど魅力的ではないかもしれないが、その日の摂取カロリーをあまり増やさず、次の食事までお腹をもたせることができる。

**もちろん、意志の力がすべてではない。同じ志を持つ人がまわりにいれば、助けになる。**たとえば、ロブは2014年初めに減量を始めたとき、クリスにずいぶん助けられた。空腹であることを嘆くたびに、10年も前から空腹に対処し、体重管理をしてきたクリスに適切な助言をもらった。「大丈夫。そんなにつらくないだろう？」「時間が経てば慣れる」「ぼくもそうだった。やめちゃだめだよ」「ご褒美のことを考えるんだ」ダイエットはひとりでやらないほうがいい。仲間がいるほうがうまくいく。

配偶者やルームメートの理解を得られれば、成功のチャンスが大きくなる。ロブの妻アン＝マリーはつねに自分の体重を管理してきたので、その生活スタイルは、節制を始めたロブを自然と支援することになった。夜にロブが空腹を感じているとき、アン＝マリーがテーブルの向こうでピザを食べたり、ボウルいっぱいのポテトチップスをつまんだりすることはなかった。ふたりともボリュームのある昼食を食べた日には、夕食は軽くするか、まったく食べなかった。同じような考え方をする人がそばにいたことが、誘惑を減らすのに役立っただけでなく、成功のための環境を作る助けとなった。

## やってみよう

次に配偶者、ボーイフレンド、信頼できる友人と話すときは、自分の体重と減量計画のことから話を始めてみる。味方を得られれば助かるし、減量がうまくいっているかどうかを監視する人がいれば、ぜひともやり遂げねばならないと思うようになるだろう。

クリスは元為替トレーダーからすばらしい助言を得ている。その元トレーダーは、かつて体重管理をしなければならなかったとは信じられないほど細身だ。ただし、それは努力の結果らしい。助言とは「空腹感を楽しむ」というもの。理解しにくいかもしれないが、空腹感は体重管理がうまくいっている証しである。空腹がときには必要なものだと考え、それを受け入れ、楽しんだとのことだ。

**ダイエットを始めて最初の数週間に、わたしたち著者が空腹を紛らわすためにしたこと**

- （15年の中断を経《へ》て）ピアノの稽古を再開した
- 自宅の清掃と片づけをするようになった
- スナック菓子や甘いおやつを家に置かないようにした
- 友人や家族にダイエット中であることを話した
- 長い散歩に出かけ、できるだけキッチンに近づかないようにした
- ビールはやめられなかった（どうしてもやめられないものもある）が、パーティなどでは食べすぎないようにした

わたしたち著者は、空腹感をとくに楽しんでいるわけではない。本当の空腹に襲われると不機嫌になり、怒りやすくなることは妻たちが証言してくれる。腹が減ると腹が立つの

は、多くの人にとって自然なことだ。けれど、ダイエットを始めて早いうちに、空腹にうまく対処できるようになることが重要だ。ロブは今、空腹を感じると拳を突き上げる自分の姿を思い描く。その空腹は、自分にドカ食いをさせようと誘惑するのが唯一の目的なのだ。それに対して、自分は怒りを爆発させていると想像する。だが、本当の空腹であれば、食べすぎたあとのプチ断食を長く続けられている印である。そう考えても幸せにはならないが、気持ちが楽になるのは間違いない。

ダイエットに失敗するのは、空腹に対して不安を感じるせいであることが多い。多くの人からそう聞いたことがあるだけでなく、一時的なダイエット法の大半もそれを示している。一時的なダイエット法の多くは、置き換えダイエットだ。つまり、食事の量を減らすのではなく、低カロリーのものを食べる。あるいは何かを食べなければ、他のものをなんでも食べていいとする。より悪質なのが、食習慣を変えず、「奇跡」の錠剤やサプリメントなどを服用するダイエット法だ。こうしたダイエット法は空腹への不安を利用している。そして、必ず失敗する。食べすぎを解決する唯一の、そして長く続けられる方法は、あまり食べないことだ。空腹は避けられない。もちろん、食べてはいけないと言ってしまえば食品会社は儲からない。そのため、こうした一時的なダイエット法とそれを売るためのマーケティングが根強く存在する。

そこで、こう言いたい。空腹は両腕を広げて受け入れるべきだ。空腹なしに減量するのは不可能だと、わたしたち著者は経験から知っている。減量し、リバウンドを避けるには、この真実を受け入れることがきわめて重要だ。痩せたいのなら、空腹を免れることはできない。だから、今のうちにそれを受け入れたほうがいい。

とっておきの秘密を教えよう。**それは、お腹が空いても死なないということだ。**また、時間が経つと、空腹に対する考え方が変わるようになる。

わたしたちはダイエットを始めた最初の数週間は、空腹でみじめな思いをした。けれど、少食に慣れるにつれて、空腹をつらいと思わなくなった。空腹感に慣れ、それが当たり前のことになった。今は体重が減ったので空腹を経験することは少ない。それでも、空腹は、今でも体重を管理するための重要なシグナルだ。

わたしたちは空腹を受け入れた。あなたにもできるはずだ。そのための最初のステップは、空腹を受け入れなければならないのを認めることである。

## あきらめるな――経済学が助けになる

ここまでの説明で、なぜ太りすぎになるのかがよくわかったと思う。それでも、あなたは食べすぎの誘惑を断ち切るための、秘密の万能薬を待ち望んでいるのではないだろうか。

そこで、耳の痛い真実を話そうと思う。

**減量の最大の味方は、毎日体重を量ることだ。毎朝、あの忌まわしい体重計に乗って突きつけられる数字を見れば、空腹感など吹っ飛ぶ。**わたしたちも、友人たちもそうだった。説明しよう。

近年の経済学は、ミクロ経済学が中心となっている。ミクロ経済学は、最小単位の経済活動、相互作用、結果について考え、選択が行なわれる金銭的動機を研究する。たとえば、タバコに課税するという考え方は降って湧いたわけではない。過度に懲罰的でなく、政府のために相応の額の金を集め、人々の禁煙が減る動機となる適切な水準の税を、経済学者が設定した結果だ。グリーンエネルギーや農産物に対する報奨金や助成金も、同じように経済学者によって設定される。

報奨金や助成金は、複雑で予想外の効果を及ぼすことがある反面、きわめてわかりやすい。何かをやり遂げる方法を経済学者に尋ねれば、それはあなたにとって金銭的にどのくらいの価値があるか、と問い返されるだろう。そのように考えれば、今後予想される空腹と、空腹やダイエットを断念させようとする他の誘惑を克服した結果、得られる金銭的価値を比べることができる。誰もが友人にこんな風に聞いたことがあるのではないだろうか。「100万ドルもらえるなら、●●をやる?」

となると、十分な金銭的動機があれば、ダイエットはうまくいくはずだ。たとえば、友人と一緒にダイエットを始めて、一定期間に合意した分の体重を減らすことができなければば、相手にあらかじめ決めた金額を支払うことを約束するのはどうだろう。ふたりとも目標に達したなら、お金のやり取りはない。

ロブも友人のジョナサンと似たようなことを試した。2009年3月、ロブは体重が過去最高の水準に達するかなり前に、友人のジョナサンと減量をしようと決めた。ふたりとも大学卒業以来体重が増え、あっという間に90キロを超えそうだった。そこで、感謝祭の日までに体重を80キロ以下に落とさなければ、相手に500ドルを支払い、さらにパスポートを預けるという取り決めをした。預けたパスポートは、目標の80キロに減量できるまで返してもらえない。ふたりとも旅行好きだったので、これが十分な動機になり得ただろう。ところが、ロブもジョナサンも相手に支払いを強要する気はなく、互いにそれをわかっていたため、目標を達成できなかった。どちらもまったく体重が減らなかったのだ。もちろん、読者のみなさんがダイエット中の仲間とこういった取り決めができれば、とてもいいことだと思う。それが、経済学的な考え方だ。それでも、多くの人に実行できる解決策だとは思えない。

糖分の多い飲料に対する課税や、体重を減らせば保険料を割り引きするといった金銭的な動機を軽視しているわけではない。ただ、新しい成長分野である行動経済学から助言を求めるほうがいいように思う。

## 空腹時に食べすぎないために

わたしたちの主張を裏づけるのが、行動経済学者であるセンディール・ムライナサンとエルダー・シャフィールの希少性に関する研究だ。希少性の概念は主流派経済学の基盤である。資源が無限でないという事実によって、何を買うかという選択が行なわれるからだ。1930年代、ロンドン・スクール・オブ・エコノミクスのライオネル・ロビンズ教授は、よく知られているように、経済学を「さまざまな用途を持つ希少な資源と目的との関係として人間の行動を研究する科学」と定義した。だが、ムライナサンとシャノィールが指摘するように、**希少性とくに過酷な欠乏を経験すると、間違ったあるいは合理的でない意思決定が行なわれることがよくある。**

たとえば、給料を担保にするペイデイローンは、資金繰りに困っている人に高い利子で少額を短期間貸しつけるもので、一定の状況においては道理にかなっている。利子20パーセント、1カ月後返済で100ドル借りて電気料金を支払う——つまり1カ月後に120ドルを返済する——ほうが、不払いのせいで切られた電気をふたたび使えるようにするために手間やお金をかけるよりもいい。けれど、たいていの場合、借り主はすぐにローンを返済せず、利息と手数料は複利で積み上がっていく。月20パーセントの利率は、すなわち年率792パーセントだ。100ドルを借りて返済が1年後（1カ月後ではなく）になれば、892ドルを支払わなければならない。

ではなぜ、ペイデイローンの借り主は返済をすぐにせずに先送りして、債務をため込むのだろうか。ムライナサンとシャフィールは、欠乏の経験（現金が不足すること）があまりに強烈なために、その状況にある人たちは理性を奪われ、合理的な行動ができないと考える。これから支払わなければならない請求書や費用に対処することでいっぱいいっぱいになって、全体像を見ることができない。「欠乏のせいで借金をし、それによってさらに欠乏する」のである。[※2]

## ■体重を量って一喜一憂しよう

さて、これがダイエットとどのように関係するのだろうか。すでに述べたように、ダイエットは欠乏を体験することだ。ただし、みずから進んで経験する。その結果である空腹感のせいで、ダイエット中の人は食べることしか考えられない精神的暗路に追い込まれる。空腹感に襲われて誘惑に負けるのは、空腹がつらいからだけでなく、食べられないという経験のせいで思考が鈍るからだ。

ダイエットに失敗したことがある人にはわかると思う。わたしたちもそうだったし、話を聞いた人の多くもそうだった。減量のために何をすべきか、減量がなぜ重要なのかを理解し、理性ある人間としてダイエットを始めたはずなのに、何時間もしないうちに食べもののことしか考えられなくなり、空腹を満たしたいという衝動にかられる。お腹が空いていることばかりに意識が集中し、なぜダイエットを始めたのかを忘れてしまう。食べる量を減らさなければいけないことも、空腹になることも、食べる量を減らしたからといって餓死しないことも最初からわかっていた。だが、気持ちが弱くなり、頭がまともに働かない。そこで、板チョコ、あるいはポテトチップスに手を出す。おかげで空腹のうずきは和らぐものの、すぐに自分の意志の弱さを悔やむ。ほんの何時間か前に固い決意で始めたはずのダイエットをなぜやめることになったのだろうか、と。

空腹になるとこうした闇に落ち込むので、ダイエット中の人はつねに自分自身を監視しなければいけない。みずから食事制限をするには、誘惑を避けるための強力な手段が必要だ。そして、毎日、体重を量ることこそが自分自身をうまく管理するための手段となる。とりわけ、空腹によって思考の幅が狭められるときはそれが重要である。[※3] 体重を量ることはニンジンでもあり、ムチでもある。朝、目が覚めて、昨日よりも体重が500グラム減っていればうれしくて、その日はずっと誘惑に負けないでいられる。反対に、体重を量り、昨日の不摂生が2日間の努力を台無しにしたことがわかれば、朝、コーヒーと一緒にマフィンを買うのはやめようと決心するだろう。

**体重が4日間変わらない！　どうする？**

・毎日の体重測定を続ける
・食べる量を減らす。1日の摂取カロリーを減らすべきときかもしれない
・食事日記をつける。自分が何を食べているかを十分に認識し、正直に受け止める
・炭水化物（パン、パスタ、糖分）を減らす
・間食が必要と感じたときは、かわりに紅茶やコーヒーなど（もちろん砂糖抜き）を飲む
・体重が減るまで外食をしない
・毎日、これまで通りに活動する
・よく眠る。疲れていると間食が増える
・もっと水を飲む。食生活の変化によって便秘になっているかもしれない
・体重計を変える。古くてちゃんと量れていないのかもしれない
・信念を守り通す。続ければ、必ず体重は減り始める

がっかりするだけだとしても、体重計に乗る習慣は続けてほしい。健康的な習慣を身につけるには、続けること、日課にすることが必要だ。

## ■何が正しくて何が間違っているかを知る

もちろん、ときには思わぬことが起こったり、何をしても体重計の数字が変わらなくなったりすることもあるだろう。お気に入りのレストランでごちそうを食べたのに、翌朝、体重が減っているということもあるかもしれない。また、朝食にヨーグルト、昼食にサラダ、夕食にリンゴを食べただけなのに、翌朝体重が増えていたら、やけになって体重計を窓から投げ捨てたくなる。体重が何日も減らなければ、落胆するだろう。体重の減少には緩急がある。2~3キロ減ったかと思えば、必死にカロリーの摂取を減らしても、体重計の数字がまったく変化しないこともある。けれど、ダイエットを続ければ、数日あるいは1週間後にまた減り始める。体重が停滞すると、減量は難しいように思うかもしれないが、辛抱するしかない。

こうした変則的《アノマリー》なことはときおり起こるが、食べたものと次の日の体重には顕著な関係がある。それについては3章で詳しく述べる。

日々の体重の増減に一喜一憂するのは不健全だと言う人もいるかもしれない。絶えず体重を監視するのは、また別の強迫観念にとらわれることなのではないか、と。だが、わたしたちはそうは思わない。**減量をあきらめないためには、自分の進歩を測り、何を正しく、何を間違って行なっているかを知る必要がある。**そのためには、毎日、体重計に乗るしかない。また、毎日、体重を量れば、意志の弱さを補い、空腹時の食べものへの執着を和らげる力になる。

現在、体重過多、あるいは肥満の状態にあってそれを悩んでいる人は、理性的な選択によってそうなったのではないはずだ。それなら、問題解決に役立つ習慣を拒む理由はないではないか。体重計に乗るという日々の儀式を行なうほうが、太り続けるよりもずっといいのではないだろうか。

体重計から逃れようとする人に対して言いたいのは、自分の体重を知らなければ、さらに太り続けてしまうかもしれないということだ。他の人に知ってもらうだけでも効果はある。２０１４年の初めにクリスと話をする前に、ロブはただひとり、友人のアラップから太っていることを指摘された。大学院時代の友人であるアラップに数年ぶりに再会したとき、開口一番にこう言われたのだ。「おまえ、太ったな」

ロブは何も言い返せなかった。アラップは事実を言っただけ。他の人たちが遠慮して黙っていたことを、口にしただけだった。

要するに、友人や家族は、たとえ口に出さなくても、あなたが太りすぎだと知っている。誰からも、どんな事実からも逃れることはできないのだから、問題の解決に役立つ正確な数字から逃げる必要はないだろう。体重計に乗るのが久しぶりなら、自分の体重を知ってショックを受けるかもしれない。けれど、いったんそれを乗り越えれば、毎日、体重を量ることが、減量という闘いにおいてもっとも強力な手段になることに気づくだろう。

もう少し先で詳しく述べるように、毎日、体重を量ることがダイエットに役立つのは、科学的研究によっても示されている。けれど、わたしたち著者は、それにさらに踏み込みたい。**痩せている人は、太っている（ダイエットをしていない）人よりも自分の体重をより強く意識していることが多い。**それは偶然ではないはずだ。２０１４年にロブがダイエットを始めて数カ月後に起こったことからも、それがよくわかる。

ロブは家族とともに、フロリダに住む妻の姉妹のひとりメアリーとその犬のデヴィッドの家で1週間過ごした。メアリーもデヴィッドも痩せている。ボブは本書で提案するダイエット法を始めたところだったので、毎日、体重を量れるように体重計を持参した。ゲストルームの床に置いておいたその体重計に、あるときデヴィッドが乗った。

デヴィッドはすぐに何かがおかしいと気づいた。「ロブ、この体重計はおかしいよ。メアリー、こっちに来て、試してみてくれないか」

メアリーがやって来て、体重計に乗った。「ほんと変ね」

ロブは困惑した。「どういうこと？」

「わたしがこんなに軽いはずないもの」メアリーが言った。「少なくとも2キロ軽くなってる」

デヴィッドも続いて言った。「この体重計通りだったらうれしいけれど、ぼくもそう思う。2キロから3キロ少なく表示されてるみたいだ」

ロブは、休暇から戻ると、いくつかの体重計を調べてみた。すると、デヴィッドとメアリーが正しいことがわかった。ふたりは日頃から体重を量っているので、体重計の調整がおかしいことにすぐに気づいた。体重計は3キロほど少ない数字を示していた。つまり、ロブの体重は92キロではなく、95キロだったのだ。体重が思っていたより重いことがわかってみじめな気持ちになったものの、ロブはその事実を受け入れ、正しい数値を知ってダイエットを続けるために、新しい体重計を購入した。

ロブの話から、多くのことが学べる。まず、ダイエットをするなら、古い体重計を信用してはいけないということ。さらに、体重に対してわたしたちがどんな感情を抱くかということだ。体重の問題に悩む人は、たいてい体重を量るという現実に向き合いたくないらしい。自分がどれだけ重いかという現実を突きつけられると、ロブと同じように気持ちがふさぐ。だが、痩せている人はそんなふうに苦しまないし、自分の体重を認識している。メアリーとデヴィッドもそうだった。

よって、つべこべ言わずに信用できる体重計を買い、毎日、体重を量る習慣を身につけるのがいい。朝起きたら、まず体重を量る。ポテトチップスの袋を目にすると心が弱くなり、ダイエットを決意した理由を忘れそうになるかもしれない。けれど、良いものだろうが、悪いものだろうが、その朝、体重計が示した数字が頭にぱっとひらめけば、手を伸ばさずにおくことができるだろう。わたしたちも、わたしたちの友人や同僚もそうだった。読者のみなさんもそうなるはずだ。

## 最後の防衛線

毎日、体重を量るのがなぜもっとも良いかを説明するには行動経済学がカギになるが、成長著しいこの分野からは、ダイエットについてさらに多くのアイデアが得られる。そのいくつかを本章の残りのページで、またさらに多くを、本書を通して伝えるつもりだ。意志の力のみに頼るのではなく、そうしたアイデアを実践すれば、健全な食生活を送り、間食の誘惑と闘うための習慣を確立する助けになるだろう。毎日の習慣になれば、何を食べるかを決めるたびに、長期にわたる健康を考慮することが第二の天性になる。

デューク大学の心理学と行動経済学の教授であるダン・アリエリーは、著書『予想どおりに不合理――行動経済学が明かす「あなたがそれを選ぶわけ」』（早川書房）において、**決定すべきことが多くなるほど、わたしたちは誘惑に屈しやすくなると論じている**。たとえば、1回であればチョコレートクッキーを差し出されても断ることができるが、10回となると断るのが難しくなる。そこでアリエリーは、どんな場合にも使える「メタルール」を定めることを勧めている。[※4]たとえば、金曜の夜だけデザートを食べていいというようなルールだ。メタルールは、どのような状況にあっても誘惑を退けるという、自分に対する誓いだと考えることができるだろう。

これが理にかなっていることは、わたしたちも請け合う。メタルールのなかには、とくに強力なものがある。たとえば、昼食は毎日サラダだけと決めるのは効果的だろう。昼食に何を食べるかを決めるときに、好ましくない選択肢が無視できないほど魅力的に思えることがよくあるので、選択の苦しみがなくなるのは大いに助けとなる。だが、金曜の夜だけデザートを食べると誓うだけで、1日おきにデザートを食べたくなる誘惑が魔法のように消えるわけではない。自分自身に誓いを立てても、意思決定が必要であることには変わらない。**けれどメタルールがあれば、「今晩デザートを食べようか」という意思決定が、「今晩誓いを破ろうか」に変わる。**後者の意思決定をするときは、前者よりも動揺するだろう。それでも、メタルールは100パーセントの保証を与えてはくれない。

**やってみよう――メタルール――**

・特別な機会のとき以外、おかわりはしない
・朝食は全粒穀物のシリアルにする
・昼食はサラダにする
・食べものや飲みものはもっとも小さいサイズを選ぶ

・外食は週に1度だけ
・ビジネスランチでは、サラダか魚料理だけを注文する
・皿の上の料理の3分の1を残す

だからこそ、毎日、体重を量ることが役立つ。朝の体重が何を食べるかを決めるときに使える情報に、目の前の誘惑に打ち勝つための情報になるからだ。すでに述べたように、空腹のせいで闇に落ち込むことを防いでくれるツールなのである。

けれど、基本的には、ダン・アリエリーの言う通りだと思う。つまり、誘惑に満ちた世界では、将来の幸福を犠牲にしても現在の楽しみが追求される。メタルールはダイエットの闘いで使える万能の武器ではないが、ぜひ試してみてほしい。誘惑の機会はできるだけ少ないほうがいいだろう。

著者のふたりは何年も前に減量に成功したが、今でも毎日、食べすぎないように誘惑や欲望と闘っている。けれど、毎日体重を量るので、現在の体重という情報によって、不健康な間食やアイスクリームのデザートやおかわりを求める衝動に抗うことができている。

そのなかでもとくに、正しい道を進むことができるようにしてくれた出来事がある。

## ■生涯忘れられない「ツーステーキランチ」

これまでにも述べているように、ダイエットは簡単ではない。また、体重を増やさないことも同じように難しい。クリスは10年以上も健康な体重を維持しているが、昔の悪い習慣に戻りそうになったことが何度かあった。とくに危なかったのが結婚した直後で、ダイエットを始めてからおよそ3年目、目標に到達してから18カ月経ったときだ。アルゼンチンへの新婚旅行から戻ったあと、クリスマスに義母から盛大なもてなしを受けたせいで、クリスは心ゆくまで食べるようになっていった。ブエノスアイレスのレストランがとんでもない低価格で世界一のステーキを提供することは、アルゼンチンを知る人は誰でも知っている。どうしても食べすぎてしまうのだ。クリスはある日の昼食を「ツーステーキランチ」と呼んで、生涯、忘れないはずだ。なぜそう呼んでいるかはわかると思う。

新婚旅行と、その後、妻の実家に滞在しているあいだ、クリスは体重計に乗らなかった。これが悲惨な結果を招いた。体重が増えているのは感じていた。けれど、体重計がないので、どれだけ増えているかを正確に知ることができない。食べすぎであることを思い出させてくれるものがないので、誘惑をはねつけることができなかった。となれば、2枚目のステーキを注文したくもなる。あんなにも安いのだから。

6週間後に帰宅したとき、体重は5キロ近く増えていた。クリスはショックを受けた。苛立ち、腹が立った。元の体重に戻すのがどれだけ大変かは、過去に減量した経験からわかっている。以前のように食事を厳しく制限しなければならないと思うとうんざりした。減量を再開すべきか、それとも新しい体重を受け入れるべきかと悩んだほどだった。

## クリスは語る

ダイエットを始めて10年以上たった今でも、体重計がなければ食事の量をコントロールできそうにない気がする。幸いデジタル式体重計は安いので、親族や友人の家に体重計がないときに、何度か滞在時の手土産にした。一風変わった土産だけれど、それが楽しい会話につながることもある。何よりもいいのは、次の滞在のときに、その家に体重計があるのがわかっていることだ。休暇用に家を借りるときは（ノースカロライナのアウターバンクスによく行く）、体重計を持参する。ホテルに泊まるときはたいてい基本的な運動設備があるので、それを使えばいい。そういう選択肢がないときは、体重計のかわりに毎日、巻き尺で胴回りを量るといいとダイエット仲間の何人かに教わった。

けれど、体重計の数字で事実を正しく把握できたため（増加した体重は、以前減量した分の20パーセントにすぎなかった）、クリスは減量の決意を固くした。体重を量ることによって状況を一変させ、やる気を取り戻したのだ。休暇中に惰性で食べるようになってしまったが、毎日、体重を量ることによって、ふたたび自分の体重に注意を向けられるようになった。そして、2カ月もしないうちに体重を元に戻した。**毎日の体重測定が、食べすぎる性癖を抑えて適切な判断をするための防衛線となった。**

ロブも、減量の闘いはクリスほど長くないものの、規則正しく体重を量ることができないあいだに、何度かダイエットをあきらめそうになったことがある。たいがいは長期休暇中に体重計に乗ることができず、自分の体重に対する意識が低くなったときだ。

体重が2週間で5キロも増えるはずがないと思う人のために、ロブが毎年ノースカロライナ州とサウスカロライナ州でどのように過ごしているかを説明しよう。ロブの妻の実家は、ノースカロライナ州デンバーにある。ノーマン湖の沿岸で、シャーロットの街に近い小さな準郊外住宅地だ。そこを訪れると、義母が大量のチェックス・ミックスを作って待っている。文字通り、バケツ何杯分も作る。ロブいわく、滞在中にチェックス・ミックスだけで5000～1万カロリーは摂取する。そして、チェックス・ミックスを食べていないときは、Bar－B－Qキングかその他の地元のお気に入りの店で食事をする（痩せたいならアメリカ南部のレストラン、あるいはアメリカ南部全般を避けたほうがいい。南部出身のロブにとって地元の食べものがおいしいことは誇りだが、胴回りにはとても危険である）。

ロブの両親はサウスカロライナ州の北部に住む。故郷シンプソンビルは、いざとなればテレビ番組「フライデー・ナイツ・ライツ」の舞台であるテキサス州ディロンとして使えそうだ。レストランチェーン、ウォルマート、そして、もちろん高校のフットボールチームがある。アメリカで肥満が蔓延していることは、この地域を見ればよくわかる。他の南部の町の多くと同じように、テクスメクス料理の店があちこちにある。すでに述べたように、ロブはテクスメクス料理に目がなく、実家を訪れるたびに、大量のトルティーヤチップス、ナチョチーズディップ、ステーキファヒータを食べずにいられない。

大好きな家族と過ごす2週間の旅が終わる頃には、ロブの体重は5キロ近く増えている。クリスマスなどの休暇のあいだに増える体重は平均して0・5キロ程度であることを示す研究は多いが、ロブの話は誇張でもなんでもない。[※5]自分自身の経験から、そして多くの人の話から、こうした研究はどこかが間違っているように思う。アメリカでは、過食の季節は感謝祭のある11月後半から始まる。同僚、友人、顧客との忘年会も12月1日あたりから始まる。著者ふたりの経験は、イギリス栄養士協会の報告に近い。「年々、早く始まるように見える祝祭シーズンに、平均的な人は1日500カロリーを余計に摂取し、新年を迎えるまでに体重が2キロ以上増える[※6]」

2014年のクリスマスのあと、ロブは2カ月かけておよそ5キロ減量し、ようやく休暇前の体重に戻した。1月と2月は食事を制限し、なかなか減らない体重計の数字をもど

## 2014年のロブの体重（ポンド）

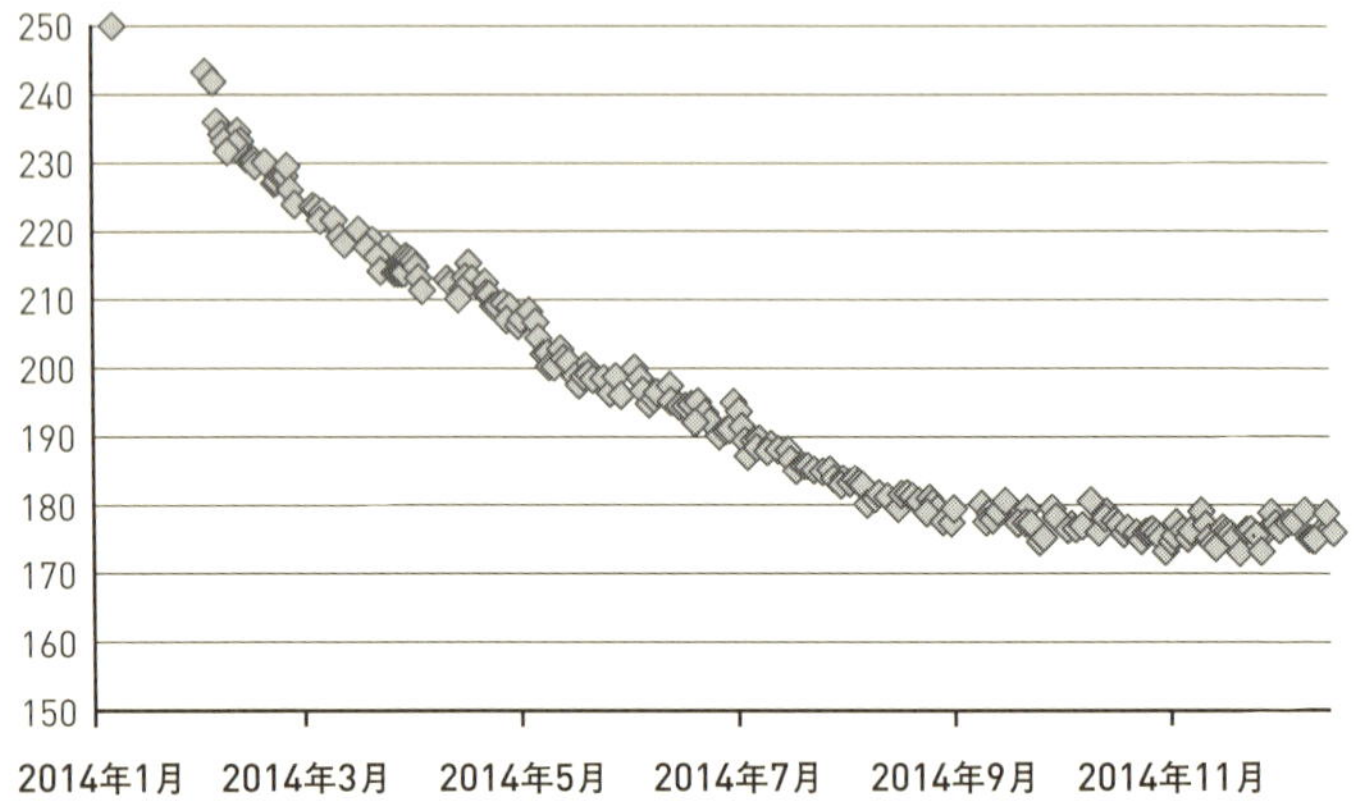


かしい思いをしながら眺めた。体重計がなければ、クリスマスに体重が増えたことを日々思い出すこともないので、体重を元に戻すことはできなかったかもしれない。クリスの場合と同じように、ロブは毎日、体重計に乗ることで必要なショックを与えられた。そのおかげで、無頓着に食べ続けるのをやめることができたのだ。

そろそろ、毎日、体重を量ることがダイエットを成功させるもっとも確かな方法だと理解してもらえただろうか。わたしたちの主張を裏づける研究はますます増えている。コーネル大学のカーリー・パカノウスキーとデヴィッド・レヴィツキーは2015年、ジャーナル・オブ・オベシティ誌において、頻繁に体重を量ることが、減量とリバウンド防止に効果的だと発表した。※7 研究の対象となった162人の太りすぎの成人[※8]が行なったのは、毎日、体重計に乗ることだけだった。「かつては毎日、体重を量るべきでないと教えられたが、これはまったく逆である」と、レヴィツキーは調査結果について述べている。体重計は「食べるものを意識させ、体重に応じた選択を可能にするプライミング装置となる[※9]」

レヴィツキー博士の言う通りである。3章ではふたたび毎日、体重を量ることを論じ、いかに体重計を身体の実験に使って、より良い食事の選択をするかを説明する。本章で覚えておいてほしいのは、毎日、体重計に乗れば、食事をみずから制限した結果生じる空腹のせいで、視野の狭い、非合理的な思考に陥るのを防げるということだ。

栄養学者や心理学者がより説得力のある証拠を見つけるのを待ってもいいが、そうでなければ、自分でやってみるしかない。もし体重計を持っていなければ、すぐに買いに出かけよう。毎日の体重計測、つまり、減量への第一歩は、明日の朝から始められる。今、開始して減量の行程を記録すれば、右のようなグラフになるだろう。

## この章で提案した最善の行動

### ▼重要な小さな習慣

・毎日体重を量る

### ▼さらなる小さな習慣

・空腹と満腹を伝える身体の合図を聞く
・空腹をすぐに満たそうとしない
・友人や家族に精神的な支援を求める
・何を食べるかを決める指針となるメタルールを確立する

# 2章

# 豊かさ

## ——1日3食の神話をぶち壊す

The Economists' Diet

Chapter 2

## しっかりした食事は1日に1度でいい

減量をし、リバウンドを防ぐには、日々の習慣を見直し、食べる量を減らす必要がある。前章で論じたように、毎日の体重計測を習慣にすること。そうすれば道を誤らずにすむ。そして、1日3度しっかり食べる習慣をやめる。これが本書の第二の提案だ。

わたしたち著者は減量の過程で、しっかりした食事は1日1度でいいことを発見した。あとの2食は軽くても、十分に満足し、健康でいられる。しっかりした食事とは1日の必要カロリー（詳細は後述）の2分の1以下で3分の1以上を含むもの。だいたい170〜230グラムのタンパク質と2種類の野菜と考えればいい。また、わたしたちは慣習に従って食事をしていることもわかった。ただし、1日3度という食事の習慣は、間食や食べすぎを避けるのには都合がいい。「グレージング」という流行の減量法では食事を少量に分けて何度も食べるが、それでは誘惑の機会を増やすことになる。パンをちぎるたびに、痩せようという気持ちがくじけそうになるからだ。

この章では、アメリカ人の食習慣の歴史と、1日3度しっかり食べるという習慣がどのようにして定着したかを考えると同時に、本書が、しっかりした食事は1日1度にすることを勧める理由を明らかにしたい。また、豊かさが経済的、文化的な問題を引き起こす状況において、1日3食という習慣を考えてみたい。こうした食習慣は、ケーキをいくら食べてもなくならない世界の一面を示していることが多いからだ。

## しっかりした食事とはどのようなものか？

生きているあいだには、多くの問題が起こる。死、破綻、病気、その他多くの不快な出来事……。けれど、豊かさがそのひとつとされることはほとんどない。本書が提案する小さな習慣は過食の癖をやめるためのものだが、皮肉なことに、世界には飢餓状態に置かれている人々も多くいる。また、体重に悩む人（あるいは悩んでいた人）はしばしば自分が太っていることを嘆くが、それは（飢餓状態にある人々とは違い）みずからの努力でどうにでもなることだ。

クリスが、以前、マクドナルドで摂った昼食を思い出してみよう。クリスはよく兄弟に体重をどうにかしなくては、と愚痴をこぼした。それなのに、そうした話をしながら特大のビッグマックを食べ、デザートとしてチーズバーガーを平らげた。本書もそうした愚痴から生まれた。ロブが食べたいときに食べる癖と経済的な余裕が理由だと気づきながらも、自分が太っている不満をクリスに訴えたのがきっかけだった。

**さて、本書では、自分の体重を嘆き続けるよりも、豊かさによって起こるさまざまな問**

**題を認め、それに対処すべきだということを指摘したい。**すでに述べたように、著者のふたりは食べたいときに食べたいものを食べた。もちろん間食も。それだけでなく、1日3度しっかりとした食事をすることを当たり前だと思い込んでいた。カロリーの高い飲みものを別にすれば、典型的な1日の食事は次のページの表のようになるだろう。

この表はまさに豊かさと過剰消費を示している。もちろん、富める国に住む人々でも、大多数は欲しいと思うときに欲しいものすべてを買えるほど裕福ではない。けれど、食べものについては、自分の好みに応じて食べたいものをほぼ食べている。さらに1日3度しっかりと食事もする。

**しっかりした食事とは**

・パンケーキにベーコンを添えた朝食
・グリルした肉170~230グラムに2種類の野菜を添えたもの（フライドポテトやポテトを材料にしたものは野菜に含めない）
・グリルした魚に芽キャベツ、またはホウレンソウを添えたもの
・トーストしたチーズサンドイッチとトマトスープ（小さなボウルで）
・ミートソースのパスタ。パスタを減らし、ソースを多めにする
・腹八分目

## するべきではないこと

| | クリス<br> | ロブ<br> |
|---|---|---|
| 朝食 | トーストと豆<br> | 朝食用ブリートまたはクリームチーズをはさんだベーグル<br> |
| 間食1 | チョコレート<br>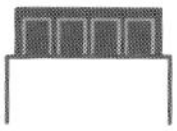 | スナック菓子<br> |
| 昼食 | ラザニアまたはハンバーガー（もちろんフライドポテトも）<br> | 地元のレストランのサンドイッチ。フライドポテトつき<br> |
| 間食2 | クッキー1〜3枚<br> | スナック菓子<br> |
| 夕食 | パスタ、おいしいデザートとドリンク<br> | 週に5回以上、いろいろなレストランで外食<br> |

**軽い食事とは**

・サラダ。85〜110グラムの肉を入れてもいい

・スープ（小さなボウルで）。レンズ豆のスープがおすすめ。脂肪分が少ないうえに、身体に良い栄養分が豊富。ありがたいことにネット上にレシピがたくさん紹介されている。パスタなしで自家製のミートソースを小さなボウル1杯でもいい

・前日の夕食の残りものを少量

・グリル野菜1皿

間食が過食の引き金になる人もいる。著者のふたりもずいぶん間食をした。けれど、過食に陥った一番の要因は、1日3度しっかりお腹いっぱいに食べたいという欲求だ。日常的にその欲求を満たすことができる豊かさが、過食を引き起こした。その後、毎日、自分の体重を量るようになり、1日1度しっかりした食事をすれば、あとの食事は軽くしてもいいことがわかった。しっかりした食事を1日2回以上とれば過食になる。

**やってみよう**

巻き尺で夕食用の皿の大きさを測る。もし9インチ（約23センチ）以上なら、もっと

小さな皿か、浅めのボウルを使うようにする。

アメリカの消費主義に関するアレックス・ボガスキーの著作『9インチ〝ダイエット〟——アメリカにおける大陰謀を暴く』（未邦訳）によると、1970年以降、アメリカの夕食用の皿の直径は9インチから12インチ（約30センチ）へと大きくなった。誰もが学校で習った公式に従うと、円の面積は$\pi r^2$。つまり、標準的な夕食用の皿の大きさは、約410平方センチから730平方センチへ、ほぼ2倍の大きさになっている。

すでに述べたように、しっかりした食事の標準的な例は、170~230グラムのタンパク質（一般的に肉。菜食主義者なら、豆腐、豆類、レンズ豆など）と2種類の野菜（またはサラダ）だ。原則として、つけあわせは2種類にとどめたほうがいい。品目が多くなれば、量が増えかねない。また、ラザニアのようにさまざまな食品が含まれるなら、つけあわせは不要。キャセロール皿が10センチ四方（浅めのものは12・5センチ四方まで可）なら、「しっかりした」食事になるだろう。ロブのようによく魚のタコスを食べる人は、タコスふたつで十分。この場合もつけあわせは不要。

昼食をしっかりとしたものにするなら、朝食はシリアルをボウル1杯程度に抑え、夕食はスープやサラダなど軽いものにする。ただ、鶏がらのスープは軽い食事だが、パスタ入りのクリームチキンスープは軽い食事ではない。濃厚なドレッシングがかかっていたり、クルトンやその他の具材を混ぜたりしたサラダも軽い食事とは言えない。家族と夕食の食卓を囲みたいなら、昼はサラダにして、夜にしっかりした食事をするのがいいだろう。しっかりした食事にはデザートは含まれていないが、おかわりをしてしまったら、デザートは必ず抜くようにする。原則として、食事はひと皿。おかわりもデザートもなし。どうしてもどちらかが必要なら、ごく少量にする。食事の分量を減らし、標準の12インチ（約30センチ）の夕食用の皿にたっぷり盛りつけないようにすれば、果物ひと切れやアイスクリーム半カップ（半パイントではなく）のデザートを楽しむ余地もできる。

しっかりした食事なのかどうかを見極めるには、食後の感覚に注意を払えばいい。十分満足しつつもまだ食べられると感じるなら、しっかりした食事。お腹がいっぱいと感じるなら、量が多すぎる。**しっかりした食事は空腹を満たしはしても、「お腹が苦しい」とうめくようなことにはならない。**

## ■カロリーから考えるしっかりした食事

読者のみなさんのなかには、しっかりした食事の明確な基準を求める人もいるかもしれない。そこで、カロリーを用いた説明をしてみたい。食事の量の分類は、科学というよりも技巧であり実践と秤を必要とする（3章で、減量のテクニックとしてのカロリー計算に異議を唱える）。一般的に、しっかりした食事とは1日のカロリー摂取量の半分以下で3

分の1以上のものだ。この原則に従えば、カロリーが1日の標準的摂取量の半分を超えれば食べすぎ、3分の1未満なら軽い食事になる。いくつかの数字を使って説明しよう。

1日のカロリー摂取量を2500カロリーとすると（米国農業省は、18〜65歳の標準身長の成人男性に必要なカロリーを2550カロリーとしている）[※1]しっかりした食事の上限は1250カロリー（1日の摂取カロリーの半分）なので、残りの半分は、たとえば、400カロリー（朝食がいいだろう）と700カロリーの軽い2度の食事、さらに150カロリーを紅茶、コーヒー、果物から摂る。1250カロリーを超える食事は必然的に多すぎることになる。というのは、食事を400カロリー以下に抑えるのは難しいからだ。1度の食事が1600カロリーなら（たとえば、大きなハンバーガーとフライドポテトにビール2杯）、その日の摂取カロリーを2500カロリーに収めるには、（紅茶、コーヒー、果物で150カロリー摂取するので）残りは750カロリーの軽い食事1度だけ。数値的に言えば、食事を1600カロリーにすると、1食抜かなければ、1日のカロリー制限内に収まらない。

平均的な成人女性が1日に必要とするのは2000カロリーなので、しっかりした食事は1000カロリー程度になる。100カロリーを飲みものと間食、400カロリーを朝食、1000カロリーをしっかりした食事とすると、あと1回の食事は500カロリーの軽いものにしなければならない。

例や数学はいくらでも挙げられるが、しっかりした食事がどのようなものかは体験を通してわかってくるし、ぜひ理解してほしい。何が食べすぎで、何が食べすぎでないかの判断を他人に頼っていては、自分の体重を管理できるようにはならない。毎日、体重を量り、自分の行動と体重を結びつけるからこそ、自分にとって何がしっかりした食事かが理解できるようになり、それが体重管理につながる。

わたしたち著者も、毎日、体重を量ることによって、たとえば、グリルした肉とサラダはしっかりした食事だが、ピザは食べすぎだということがわかった。経済学者による栄養学の助言などうさんくさいと思うかもしれないが、わたしたちは小さな習慣を根気強く守り続けることによって、それを理解した。**とくに毎日体重を量ることで、ピザのようにでんぷん質の多い夕食は体重増加に通じ、グリルした肉と野菜はそうでないことを発見した。**読者のみなさんも、何がしっかりした食事であるかを知るには、同じ道を辿らなければならない。何を食べるかを一から十まで指示したり、しっかりした食事の厳密な定義を用意したりしてもらわなければ減量ができないというのは、減量を実行に移さないためのいいわけをしているようなものだ。

簡単に言えば、1日1度しっかりした食事をすれば、その日はあと2度、軽い食事ができる。1回の食事が多すぎると、残りは1食だけになる（多すぎてカロリーが高すぎる食事なら、その日は他に何も食べられない）。けれど、そうした制限を決めても、守れるかどうかは別の問題だし、豊かな国に住む多くの人にとっては大きな課題だ。豊かな国では肥満が蔓延し、体重増加が将来の幸福を脅かしている。問題は豊かさだ。自然に解消することはない。自分の体形を変えたいなら、食べるものを制限するしかない。1日に1度だけしっかりした食事をするという、新たな食習慣を築くべきだ。

## 豊かさの文化

さて、言うのは簡単だが、問題は過食の習慣が身についてしまっていることだ。わたしたち著者も過食に慣れきってしまって、みずからの行動を疑問に思わないばかりか、まったく正常だと考えていた。日々の食に対するわたしたちの期待は、増大を続ける経済的な豊かさによって可能になったライフスタイルの一面であり、ひとりひとりの欲求が即座に満たされるのを当然とする文化を反映している。

著者を含めて多くの人々は、2008年以降、景気が後退し収入が減っても、ライフスタイルをほとんど変えていない。いまだに、欲しいものは長く待たずになんでも手に入る消費主義の世界に安住している。食に関してはまさにそうだろう。胴回りにデフレは見られない。確かにあの金融危機が起こった直後は、財布の紐を引き締めていたかもしれない。事実、2006年、2007年には3パーセントだったアメリカ人の貯蓄率が、

2010年から2016年は6パーセントに上がった。[※2] けれど、倹約が生き方の一部になったわけではない。

豊かさと権利意識によって、わたしたちには待つ必要がなくなり、待つことを受け入れがたいと感じることも多い。空腹を覚えたときに、次の食事まで何も食べずに我慢するのは馬鹿げたことだとさえ思う。まして、その食事をすっかり抜いてしまうことなどあり得ない。スナック菓子業界はこの点につけこんで大成功している。たとえば、スニッカーズは「お腹が空いたら本当のあなたではいられない」と言い、できるだけ早くスニッカーズで食欲を満たすようにと宣伝する。さらにひどいことに、減量したい気持ちにつけこみ、スナック菓子に「低カロリー」と表示して、間食が良いものだと思わせようとする製品もある。

健康でいたいのなら、間食をしないのが一番だ。どちらにしても、間食はできるだけ避けたほうがいい。スナック菓子を職場に持っていったり、机に置いておいたりしてはいけない。昼食に弁当を持っていけば、レストランやサンドイッチ店やその他の食品店に足を踏み入れるのを避けることができる。どんな方法でもいい。スナック菓子を遠ざけよう。

## ■お金をかけたからといって痩せられるわけではない

減量をし、リバウンドを防ぐには、外食を減らす必要がある（のちの章で詳述）。けれどキッチン道具を揃えて、そのための準備をしようとする行為は、豊かさの文化を体現しているようなものだ。

これまで読者のみなさんに次のふたつを買うようお願いした。本書と体重計だ。その他に必要なものはすでに持っているだろう。

必要なのは、

1　包丁1セット
2　まな板2枚
3　鍋ふたつ

それだけだ。余計なものは買わなくていい。

最終的には、家で食事を作ることが増えるだろう。食料品店の総菜やレストランの食事はだいたいカロリーが高いし、塩分や保存料など健康に良くないものが含まれている。自分で食事を作れば、何をどのくらい食べるかをコントロールできるうえに、身体に何を取り込んでいるかがよくわかるようになる。

この消費主義の世界では、ジューサー、スープメーカー、蒸し器、ヨーグルトメーカーなど、（少なくとも理論上は）より健康的な生活を送るために作られた調理器具が簡単に手に入る。こうした製品を使うのが本当に楽しいなら、買うといい。（ロブは、搾りたてのリンゴジュースが大好きな娘のラモーナと週に2〜3回、ジューサーを楽しく使っている）。けれど、なければ減量ができないわけではない。新しい道具を買うために出費をすれば、消費過剰という目の前にある本当の問題をなおざりにするだけでなく、より悪化させる。

まさに「道具揃って夢ならず」だ。新しいことを始めようとするときは、すぐに新しい道具を揃えたくなるし、新しい趣味や活動をそうやって始める人も多いだろう。今、世界中でどれだけ多くの真新しいゴルフクラブやスキー用具がしまいこまれたまま、埃をかぶっているかを考えてみるといい。家にあれば魔法のように運動量が増えると信じて買ったランニングマシーンやトレーニングバイクが、ピカピカのまま衣服掛けや衣類の収納に使われていないないだろうか。

キッチンではそういったことがよく起こる。最新式のオーブン、調理器具、野菜を薄切り、さいの目切り、らせん状に切ることなどができるカッターなど、ほとんど使われていない道具がところ狭しと置かれている。高級キッチン用品店は大儲けをし、消費者は、使いもしない不要なモノに埋もれている。

この問題は、できるだけ多くの道具を買い揃えれば、自分ではない者に変われる（たとえば、スポーツマンとかシェフに）と信じることから起こる。**けれど、必要な道具を揃え**

**ただけでうまくいくはずがない。必要なのは、勤勉、実践、献身だ。**お金をかけたからといって、料理やゴルフがうまくなるわけではない。

とにかく、キッチン道具はそれほど必要ない。しっかりした食事を作るのは、1日に1度だけでいいのだから。さらに、5章で詳しく説明するように、シンプルな料理のほうがいい。だから有名シェフのボビー・フレイやマリオ・バタリのようにならなくても、満足できる食事をすばやく作れるようになる。

1日1度だけしっかりした食事をするには、考え方を変え、現在の豊かさの文化によって、わたしたちが必要以上のものを欲しがっていることを認めなければならない。キッチンの道具も、それを使って作る食事も、少ないほうがいいのだ。

## 食事は1日1度でも十分、3度である必要はない

本書のダイエット法が大切にしているのが、習慣としてではなく、意識的に食事をすることだ。わたしたち著者は、長年の食習慣のせいで、身体が発する信号（空腹と満腹）に気づかなくなり、どんどん太ってしまった。最大の問題は1日3度という食習慣だった。空腹かどうかに関係なく、単なる習慣に従って、毎日決まった時間にテーブルにつき、たっぷり食べた。これをやめなければいけなかった。

わたしたちの提案が妥当かどうか疑問を持つ人もいるかもしれない。何世紀も続けられてきた習慣を無視してやっていけるのだろうか、と。まず、次のふたつのことを考えてみてほしい。ひとつは、朝、昼、晩と1日3度の食事をするのは神との約束ではないということ。より重要なもうひとつは、3食それぞれしっかり食べられるようになったのは、現代という豊かな時代のおかげだということだ。

**無意識に食べるとはどういうことか？**

・空腹でないのに間食をする。身体が発する信号に耳を傾けるのが大切
・コーヒーを買うときは、いつもクロワッサンやチョコレートも一緒に買う
・給油のために立ち寄ったガソリンスタンドでドーナツやポテトチップスを買う（余談だが、ガソリンスタンドで売る食品は、ガソリンよりも利益率が大きいらしい）
・サラダの店ではなく、タコスの店に無意識に入る
・おかわりをする
・子供たちと一緒に夕食を食べたのに、配偶者との食事にもつきあってしまう
・大きな夕食用の皿いっぱいに食べものを盛りつける

## やってみよう

次に食事をするとき、何を食べているかを十分に意識する。そのためには——

・食事をしながら他のことをしない。テレビを観たり、スマートフォンをいじったりするのではなく、食べているものと一緒に食べている人に注意を向ける

・ゆっくり噛み、味わいながら食べる。食事は空腹時に必要以上の食べものを飲み下す行為ではない

・他者とする食事を社会的な儀式のように大切にする。食べているものを話題にしよう

もちろん、食事の習慣をすっかり変えるようにと言っているわけではない。決まった時間に配偶者、パートナー、子供、友人、同僚と食事をすることは文化の一部だ。その文化がなくなることはないだろうし、なくすべきだとも思わない。食事を他者と一緒に楽しむのは人生の喜びのひとつだし、交流や友好には欠かせない。

**本書が提案するのは、夕食にミートソースのパスタをたっぷり食べたら、朝食と昼食は軽くすべきだということ。**朝食には、全粒でノンシュガーのシリアルを小さなボウル1杯（「全粒がたっぷり」と謳いながら糖分たっぷりのシリアルに騙されないように）、昼食にはサラダのようなものがいい。ボリュームのあるサンドイッチ（最近のサンドイッチはたいていボリュームがある）とポテトチップス1袋を昼食にしたければ、それをその日の

しっかりした食事にする。その場合には朝食は軽く、たとえば、シリアルをボウル1杯またはトースト1枚に半熟卵（パンケーキやワッフル、目玉焼き、ソーセージ、ベーコンではなく）にして、夕食は、たとえば、100グラムほどの鶏肉を混ぜたサラダなどごく質素に抑える。

**クリスの話**

太っていた頃、ぼくの最大の楽しみはボリュームのある朝食だった。ベーコンにソーセージにハッシュブラウンに目玉焼きといったイングリッシュ・ブレックファスト。だけど今は、全粒のシリアルをボウル1杯だけ食べることにしている。朝食にシリアル？　砂糖と炭水化物の塊では？　そんな風に思う人もいるかもしれないけれど、ぼくにとっては、お腹を満たしてくれる減量の味方だ。それでも、ふたつの大事なルールがある。

1．小さなボウルで食べる。

2．栄養分の情報を確かめる。全粒であることに加え、シリアル30グラムにつき砂糖の含有量が5グラム以下のものを選ぶ。残念ながら、そのとき少し計算をしなければならないかもしれない。製品が実際より健康的に見えるように、1食分の分量を少なくしている製品があるからだ。1食分27グラム当たり9グラムの糖分を含むという表示を見たことがある。1食分55グラム当たり9グラムの糖分を含有する製品と比較すると、どちらも糖分の表示は9グラムだが、1食分の分量を揃えれば、前者は後者の2倍の糖分を含むことになる。

そうした新しい習慣を身につけるには、欧米の近代的な食事時間の概念について考えてみるのが役に立つ。たとえば、16~17世紀のヨーロッパの探検家たちは、北米の先住民には決まった食事の時間というものがないことに気づいた。1607年に、ヴァージニア州ジェームズタウンに初めてイギリスの永続的植民地を築いたジョン・スミスはこう述べている。「彼らには、朝食、昼食、夕食といったようなものはなかった」[※3]

そのかわり、お腹が空いたときに食べていたらしい。他の多くの人類学研究で明らかになっているように、基準となる食事時間はなく、空腹になるとたいていは移動をしながら、ちょっとしたものを食べて空腹をしのいでいた。ときには、儀式の一部として、ごちそうを食べることはあったようだ。彼らと同じようにしようと勧めているわけではないが、リンゴやニンジンのスライスなど加工されていないものを、彼らと同じように食べるのはいいことかもしれない。

1日3食の習慣は「文明」と同時に誕生したわけではない。たとえば、古代ローマ人は

1日1度、昼にしっかりした食事をし、朝の食事には眉をひそめた。その伝統は中世まで引き継がれ、カトリック教会は朝のミサの前に食事をすることを批判した。人々は朝食（ブレックファスト）が許される時間になって、ようやく「夜の断食（ファスト）を終わらせる（ブレイク）」ことができた。[※4]

もちろん、わたしたちも古代ローマ人のつもりになろうとか（それも楽しいかもしれないが）、中世以前の人々のように行動しようとか言うつもりはないが、こんにち人気のダイエット法のなかには、それに似たようなことを勧めるものもある。**けれど、本書が伝えたいのは、すべての人間に共通の確固たる習慣と思い込んできたものが、実はそうではないということだ。1日3度という食習慣は、比較的新しいものなのである。**

とはいえ、3食すべてをしっかりした食事にするのでなければ、1日3度、定時に食事をするのは良いことだろう。たとえば、わたしたち著者の行動と体重計の数字に及ぼす影響を考えると、朝、昼、夜に食事をするのであれば、間食は避けたほうがいい。果物ひと切れだけなら間食も大きな問題にはならないかもしれないが、経験によると、間食から受ける刺激はあとを引く。ドリトスを1枚口に入れれば、もう1枚食べたくなる。だから、間食は概して避けたほうがいいし、決まった時間に食事をすれば、間食を避ける助けになる。

けれども、間食を絶対に許さないと主張するつもりはない。弁護士であるクリスの妻の同僚は、ダイエットの相談に来たときに、午前11時をすぎるとグラノーラバーなしには耐えられないと言った。空腹のせいで集中力がなくなるという。12時半には、同僚と一緒に食堂でしっかりと昼食を摂ることになっている。その場合、どうすればいいのだろうか。それに対してクリスは、どうしても午前の生産性が上がらないのであれば、炭水化物と糖分の多いグラノーラバーのかわりに、リンゴなどの果物やアーモンドやクルミなどを食べて、昼食を少なめにするように助言した。その一方で、毎日体重を量り、新しい方法が体重にどう影響するかを確認すれば、昼食をどのくらい食べればいいかもわかるようになるだろう、と。単純明快な助言だ。けれど、クリスの妻の同僚は、それまで間食をあきらめられないと信じ込んでいたために、体重増加の原因が間食のせいではなく、間食に加え、しっかりした昼食を摂っているせいだと気づいていなかったのだ。

すでに述べた通り、著者であるクリスとロブは習慣の生きものだ。そのため、規則的に食事をすることが過食を避けるのに役立っている。規則的とは1日3度という意味である。少量の食事を1日に5~6回食べるグレージングというダイエットには賛成できない。まず、頻繁に食べると、食事の計画がとてつもなく複雑になる。食事の回数が増える分、何を食べるかに大きな注意を払わなければならない。また、食べものに接する機会は多くないほうがいいだろう。誘惑はできるだけ遠ざけたい。

## ■現代の食習慣ができあがるまでの歴史

1日3度の食事は、工業化の進んだ世界に生きる現代人のライフスタイルについてまわる。歴史も長い。イエール大学の歴史学者であるポール・フリードマンによると、中世ヨーロッパの農民は「エール（訳注：ハーブや香辛料で苦みをつけた醸造酒）かパン、またはその両方を朝食にし、その後、何か食べるものを持って畑に出かけ、午後にたっぷり食事をした。夕食は量が少なく、ちょっとしたものをすばやく食べるだけだった」[※5]

アビゲイル・キャロルによるアメリカ人の食習慣の歴史に関する著書『3度の充実した食事――アメリカの食事の発明』（未邦訳）には、ヨーロッパからアメリカにやって来た開拓者たちの食習慣は、中世ヨーロッパの農民と同じようなものだったとある（早朝のビールはおそらく飲まなかっただろうが）。午後の早い時間に1日の主要な食事を摂り、その残りを朝食または夕食にした。「朝食と夕食の役目は、次の主要な食事まで空腹を和らげておくことだった」「朝、夕の食事は、往々にして、見栄えのいい間食だった」とキャロルは述べている。[※6] 19世紀がかなり進むまで、アメリカ人の多くはポタージュ、すなわち、濃いスープあるいはさまざまな野菜と肉を茹でて作るシチューを主要な食事とし、その残りを朝食と夕食にした。実においしそうだ。

主要な食事は正午あたりに摂り、この1日1度の充実した食事が正餐《ディナー》と呼ばれたことから、昼はしっかり食べて、朝と夜の食事は軽いものだったことがわかる。ディナーが正午から6時になったのは19世紀後半になってからだ。習慣の変化にはライフスタイルと実用性が反映されている。1800年代後半の急速な都市化と工業化、会社の誕生に伴い、労働者が長距離を移動するようになった。住んでいるところの近くに職を見つけるという何世紀も続いた働き方が崩壊したため、正午のディナーに家族が食卓を囲むことができなくなる。そのため、ディナーは家族が1日1回、一緒に食事ができる夕方に変わった。※7 **1日の中心となる食事であるディナーが夕方6時頃になったため、昼食というものが考え出された。夕食時まで働き続けられるよう、日中の食事が求められたからだ。**裕福な人々のための昼食会クラブも誕生し、有閑階級の婦人たちは、ヨーロッパとくにフランスではアフタヌーンティーという洒落た習慣を取り入れた。一般のアメリカ人にとっては、パンが昼食の基本となることが多かった。20世紀初頭に起こった第二次産業革命では、技術革新による機械化が進み、生産規模の急拡大が図られ、店舗、工場やオフィスビル内の食堂で昼食を提供するレストラン産業が発達した。※8

1日の最初の食事は、19世紀半ばまでに、こんにちの標準的なホットブレックファスト（卵料理、ソーセージ、ビーフステーキ、コールドミート、油で炒めたもの、オートミール）に似た充実したものになった。早朝の重労働に必要なエネルギーを摂取するのが目的だったため、たいていボリュームがあった。けれど、労働慣行の変化に伴い、健康に対する懸念が生じた。**企業家にとって、朝食を昼食のように、より健康的なものに改善するというビジネスチャンスが生まれた。**もっとも有名な例は、もちろん、菜食主義者だったケロッグ兄弟だ。ケロッグ兄弟は、菜食主義者で健康改良主義者のシルベスター・グラハムのアイデアを利用して、砂糖を使わないグラハムクラッカーを創業した。(最初のケロッグのコーンフレークは1878年にジョン・ハーヴェイ・ケロッグが考案し、こんにちなお人気がある。現在、食料品店の棚に並ぶシリアルの多くに添加されている大量の砂糖が一切使われていない)。まもなく朝食用シリアルは、食品製造業およびパッケージング業界の新製品だけでなく、販売促進および広告の新たなテクニックを試す場になった。[※9]

わたしたちがこうした歴史から学ぶべきは、**現代の食習慣は、近代都市と工場が出現し、労働者が毎日長距離を移動できるよう交通手段やインフラ網が発展した結果、できあがったということだ。**第二次産業革命の進行中は、労働者にとって1日3度の食事が適切なものだった。たとえば、ヘンリー・フォードの自動車工場を想像してみるといい。労働者は、毎日厳しい工程に従うことを要求された。そのため1日3度しっかりした食事をすることは、作業の能率を上げるには不可欠だった。都市の労働者の新しいライフスタイルが、新しい食習慣を生み出した。よって現代の食習慣は150年足らずのものなのである。

1日3度、充実した食事をする習慣は、産業の効率化とあいまって、20世紀に加速度的に広まった。政府も、2度の世界大戦により、それを積極的に推進した。1日3度、決まった時間に食事をするようになれば、大企業や政府も生産計画や調整をしやすくなる。このように食事を管理したおかげで、労働者が日々、十分な生産活動をするためのエネルギーが確保された。

工業が発展するにつれて欧米は裕福になり、ありがたいことに、農業生産も増え続ける人口の需要を満たすよう拡大していった。人々はより多くの食料を必要とし、その対価を支払う財力を身につけた。わたしたちの文化に深くしみこんだ食事の習慣は、生産ラインがますます多くの富を生み出すために、なくてはならないものだった。さらに、当時の人々の労働量を考えれば、1日3度しっかり食べるのは、健康に良いことだったと言ってもいいだろう。たとえば、第二次世界大戦時、イギリスの人々は配給制のもとにあっても、1日3度、こんにちの一般的な食事より栄養価の高い充実した食事を続けた。それは、戦争に勝つために重要なことだったのだ。※10

## ■現代人の生活にあった食事をしよう

アメリカもその他の富裕国も、今では世界の製造工場ではなくなっている。欧米には何百万もの製造職が残っているが、その多くは厳しい肉体労働というよりは、ロボットの管理に関わる仕事だ。サービス部門やオフィスで働いている人のほうがずっと多い。そうした職場では、かつて1日中立って働いていたほどのエネルギーは必要ない。車で職場に通い、終日、机に向かって仕事をし、車で帰宅して、子供たちの世話をし、就寝するといった生活では大量のカロリーを燃やすのは難しく、体重が減ることはない。脱工業化時代の欧米の平均的な労働者は、工業化時代の人々よりも消費するエネルギーがずっと少ない。その一方で、食品製造技術の進化と所得の増大によって、過食の機会と誘惑がこれまで以上に多く生まれている。

**ロブの話**

わたしは1日約9時間、机に向かう。ありがたいことに、スタンディングデスクを与えられているので、座ったり、立ったりして仕事をする。朝は8時頃に出勤し、1時間の昼休みがあって、その後は6時まで。6時15分に帰宅。それから、およそ2時間半のあいだに、すばやく夕食をすませ、子供たちを風呂に入れ、寝る支度をさせ、本を読んでやる。うまくいけば、子供たちは8時までに寝てくれるが、9時半頃になってしまう日もある。他のことをする時間はほとんど残らず、運動をする時間などまったくない。こうした慌ただしい1日を送ると、自分が食べるものに気を配るのがなぜ大切であるかがわかる。忙しさのせいで、大事なものから目を離しがちになるからだ。何を食べるかは、自分でコントロールができる数少ないことのひとつだ。

習慣、伝統、それに伴う思考の習性はとても強固で、その存在意義が失われても長く生き続ける。1日3度しっかりと食事をするのは、根拠が失われた今でも、当然のことだと受け入れられている。豊かな時代にこの習慣を続ければ、体重は増え続ける。もちろん、1日3度の食事を楽しむのはかまわない。ただ、しっかりした食事は、そのうちの1度だけにするべきだ。

## いいわけをやめる

太っているいいわけを見つけるのは簡単だ。読者のみなさんも、そもそもメタボ体質だとか、炭水化物の食べすぎで肥満になってしまったのだとかを信じようとしたことが1度はあるのではないだろうか。それは現実から逃げているからではなく（もしかしたらそうなのかもしれないが）、無意識に食べているせいで、自分自身の行動の結果が見えなくなっているからだ。**本章で明らかにしているように、文化のせいで無意識のうちに過食に陥ることに、わたしたちはほとんど注意を払っていない。**どんな問題でも、解決の第一歩は、問題があるのを認めることだ。

ロブがそうした問題を認めたのは、クリスと腹を割って話し、減量を始めたときだった。「信じられないかもしれないけれど、実は、わたしは家族のなかでは痩せているほうなんだ。つまり、わたしは厳しい闘いをしている。体重のコントロールは、うちの家族の者には簡単じゃない。大変なことなんだ」

ロブは、太っているのは自分の行動のせいではなく、遺伝による体質のせいだという弁解に磨きをかけてきた。親戚の人たちに比べれば、自分はかなり頑張っている、と言い張った。けれどクリスが指摘した通り、弁解する時間があるなら、そのエネルギーを減量の努力に投じるべきだ。


アメリカ人には、胴回りに関するいいわけがたくさんある。栄養士も、減量の専門家も、ダイエット本の著者も、太っている人の行動は非難しない。代謝《メタボリズム》を非難するべきなのだろうか。それとも、今、食べたドリトス1袋がいけないのだろうか。

たいていのダイエット法は、肥満を引き起こした犯人を探そうとする。あなたの過失ではない。あなたは摂りすぎただけ。砂糖、パン、炭水化物、飽和脂肪を。だが、例外や複雑な要因はあるものの、オッカムの剃刀《かみそり》として知られる格言に従うべきだろう。オッカムの剃刀とは、同じ現象についてふたつの説明があり、ひとつはより単純で、もうひとつがより複雑であれば、単純なほうがたいていい正しいという考え方だ。

この場合の単純な説明は、太っている人は食べすぎだということ。だから、食べる量を減らす必要がある。直感で理解されても良さそうなものだが、されていない。そのため、この章ではしっかりした食事とより軽い食事の実例を示した。５章では、さらに多くを紹介する。

一流の健康の専門家は、つねに新たな要因を見つけ、食べる量を減らすのは口で言うほど簡単ではないことを思い出させてくれる。すでに述べたように、２０１６年のオベシティ誌に掲載された研究では、人気のテレビ番組「ザ・ビッゲスト・ルーザー」の参加者を追跡調査した。[※11]研究者たちのもうひとつの発見は、番組終了後、参加者の大半が体重を著しく増やしたことだ。原因は代謝だと結論づけられている。[※12]**研究者らによると、人間の身体は体重が減らないように闘っているという。**狩猟採集時代の名残りで、身体は、体重が減ると飢餓が差し迫っているととらえ、エネルギーを蓄えるようシグナルを送り、代謝を調整するらしい。よって、過去に太っていた人は、太ったことがない人よりも代謝が緩やかになっている。母なる自然が用意した残酷な皮肉である。

この研究に異論を唱えるつもりはないが、それもひとつのいいわけではないかという気がする。わたしたち著者の代謝も、測定したことはないものの、おそらく太る以前よりも緩やかになっているのだろう。いずれにせよ、自分の身体とどうつきあっていくべきかはわかるようになったし、体重を増やさないよう食べる量を抑えることにも慣れた。余談だが、わたしたちは「ザ・ビッゲスト・ルーザー」で行なっているような急激な減量は勧めない。１日１度だけしっかりした食事をするという新しい習慣に身体が適応するには時間がかかる。苛立つこともあるかもしれないが、減量は時間をかけてするべきだ。

## ■クウェートで肥満が社会問題になっている理由

問題は何を食べるかではなく、どのくらい食べるかである。その根拠は多い。とくにアメリカ以外に目を向けると、豊かさが慣習と衝突して胴回りを膨らませている。クリスが2年間住んだことがあるクウェートでは、(人口に対する)肥満率と糖尿病の問題がアメリカよりも深刻になっている。理由はある程度わかりやすい。この国には、北米のあらゆるレストランチェーンの店舗がひしめいている。国内最大のショッピングモールであるアベニューには、シェイクシャック、スターバックス、チーズケーキファクトリー、ティムホートンズ、エレベーションバーガー、ポットベリーサンドイッチショップ、テキサスロードハウス、オリーブガーデンだけでなく、ヨーロッパ、アジア、中東のレストランがある。

炭水化物や甘いもので客を誘惑するこういった店が進出したのは、1970年代。クウェートが石油の大量生産を行なうようになり、急速に富を得たためだ。2014年の国民総所得は1500億ドル。同国には100万人のクウェート人、250万人のクウェート人以外の居住者がいる。ひとり当たりGDPは約5万ドル。アメリカとほぼ同じだが、平均的なクウェート人はアメリカ人よりずっと裕福だ。国が豊かになるにつれて、クウェートの人々の体重が増えた。２０１４年の世界保健機関のデータによると、１９７５年に石油の大量生産が始まった頃は、18歳以上のクウェート人成年男性の肥満率は48・３パーセント。それが今は72・７パーセントになっている。[※13]

クウェート人の肥満問題は過食のせいではなく、身体に良くないものを食べるからだと主張する人がいるかもしれない。こうしたレストランチェーンのほとんどは健康志向で知られているわけではないからだ。けれども、クウェート人の食習慣を理解すると、食べる量が問題だということがわかる。量が確実に増えているのだ。欧米のレストランの食事が伝統的な食習慣に取ってかわったのではなく、ふたつの文化が融合しているからである。

読者のみなさんの多くはクウェートについて、砂漠のなかにあってとても暑い、という以外はあまりよく知らないと思うので、簡単にクウェートについて説明しよう。おもに暑さのせいで、平均的なクウェート人の勤務時間は早く始まり、早く終わる。７時半から午後２時半が標準だ。昼休みがないので、労働者は家に帰って、午後３時から家族と一緒にクウェート式のボリュームのある食事をする。

伝統的に、この３時の食事がクウェート人にとって１日の主要な食事だった。その伝統は今でも守られているが、たくさんのレストランの出現によって、夜は社交のために外食をするという新しい習慣が生まれた。そのため、わずか数十年のうちに、１日の主要な食事が1度から2度になった。そうなれば、肥満率が世界でもっとも深刻になるのも不思議ではない。

体重増加についてさまざまないいわけを思いつくかもしれない。けれど、ときにはそれを忘れ、わたしたちは食べすぎなのだということを認めなければならない。ロブとクリスもそうした。万人に共通することではないかもしれないが、世界の多くの人々にとってそれが事実なのだ。急速に富を拡大した国は、肥満の蔓延に急襲される。クウェートがその完璧な事例を示している。問題はクウェート人がこんにち食べているものではなく（確かに食べているものにも問題はあるかもしれない）、レストラン文化を含めて欧米の食習慣を取り込んだために、1日の主要な食事が2度になってしまったことだ。

本書が提案する小さな習慣は、アメリカ以外の国でも実践されている。クリスが母国のイギリスだけでなく、クウェートでも本書のダイエット法を伝えているからだ。クウェートの人々も、大きな関心を示してくれる。豊かな環境にいる人々には重要なことだ。クリスのクウェート人の同僚アリは、著者らの勧めに従って、6カ月で約11キロの減量に成功し、リバウンドしていない。米と脂肪分の多い肉はあまり食べないようにしたが、成功のカギは夕食をやめるか、どうしても食べたいときはナツメヤシの実（中東のおいしい果物）を2～3個に留めたこと。リバウンドのない減量を成功させるには、午後に家族と食事をしながら、夜もボリュームのある食事をするわけにはいかない、とアリは理解した。

クリスは、クウェート人の食習慣とダイエットについて、裕福なクウェートの婦人と話し合ったことがある。

その婦人は痩せていて、痩せている人々の行動が太っている人とは大きく違うことを示してくれた。婦人は大人になってからずっと、毎日、体重を量り、体重計の数字を写真に撮って、精神的な支えとしている妹に送った（妹は写真を受け取るのにうんざりしていたとか）。**多くの人は、その婦人が生まれつき痩せ型なのだと思っていたが、実際には、体重を厳格に計量し、監視し、管理している結果だった。**次章では、減量のデータの活用法について詳しく述べる。

## この章で提案した最善の行動

### ▼重要な小さな習慣

・しっかりした食事をするのは1日に1度

### ▼さらなる小さな習慣

・しっかりした食事、軽い食事、多すぎる食事をきちんと認識し、1日に食べる量を管理する
・キッチン道具は必要なものだけを買う。決して使わないような洒落た道具は必要ない
・スナック菓子は手の届かないところへしまう。買わないと決めればさらにいい
・太っているいいわけをやめる

# 3章

# データ

## ――カロリーを計算するのではなく意識する

The Economists' Diet

Chapter 3

## カロリーは「計算」ではなく「意識」する

わたしたち著者は、仕事上、データを集め、解釈することを求められる機会が多い。新しい疑問や問題が起こったときや新しい仮説を検証するときは、実証的で事実にもとづいた情報（データ）を集め、分析をして傾向やパターンを見つけることによって、過去の出来事を説明し、将来、何が起こるかを予測しようとする。それがうまくいけば、新しく得た知見を用いて、（そうなることを願っているが）未来をより良いものにするための方針や計画を提案できる。

そうした過程で、いかにデータが利用できるか（あるいは誤用されるか）を、また、データのなかには他よりも信頼性が高く、使いやすいものがあることを学んだ。わかりやすく完全なデータが手に入り、いかに解釈し、活用するかがわかれば、データによって真実が照らし出され、解決不可能と思われた問題の対策が明らかになる。

データこそが知っていることと知らないことの溝を埋め、より良い成果を挙げるために習慣や考え方を変える必要があると教えてくれる。株式市場で株を購入するとき、投資対象の財務情報がなければ、どんなにやりにくいかを想像してみてほしい。著者ふたりがそれぞれ減量に取り組んだときも、データが重要な役割を果たした。データによってどれだけ体重が減ったかを知り、行動を変え、目標とする体重に向かう行程を管理できた。

もっともわかりやすい例は毎日体重を量ることだが、これまでに減量プログラムを試した経験があれば、他にもよく知っているデータがあるだろう。カロリー計算だ。1日に食べたもののカロリーを足し合わせ、推奨されるカロリーを超えないようにする。表面的には意味が通る論理だ。摂取すべきカロリー量がわかっていれば、朝から食べたものを記録し、上限に達したらその日は食べるのをやめればいい。わたしたちの経験からも、カロリーのデータは、毎日体重を量るのと同じように、より良い選択をするための強力なツールとなる。けれど、すべてのカロリーを細かく計算する必要があるだろうか。**かわりに、もっと合理的で、もっと時間を節約できる方法がある。それは「カロリーを意識する」ことだ。**

## カロリーを意識してより良い選択をする

「測定できないものは管理できない」という格言をグーグルで検索すると、これを誰が最初に言い、本当はどういう意味なのかについての議論と反論がたくさん見つかる。企業経営の権威者としておそらくもっとも有名で、もっとも強い影響力をもつピーター・ドラッカーの言葉だとされることが多いが、ドラッカーは、どんな企業も人と文化が正しくなければ、いくらデータがあっても正しい結論が出せないこともわかっていた。

わたしたち著者の仕事は「測定できないものは管理できない」ことを示すものだ。けれど、価格データだけでは、正しい判断をするには不十分であることも認識している。肥満の問題もこうした難しい状況にある。肥満は市場の失敗だとも言える。**経済学者が負の外部性と呼ぶ、需要と供給の原則では負担できない予想外の費用が発生しているのだ。**規制が不十分な石油化学工場が引き起こす環境汚染を思い出してみてほしい。製造革命で加工食品の価格が下がった一方で、そうした安い価格では将来の健康への負担を埋め合わせられない。同じように、安いジャンクフードの価格は、服がきつくなって、より大きなサイズの服を買わなくてはならないという費用《コスト》も負担できない。

カロリーを知っていれば、とくにレストランで外食をするときなどに、この市場の失敗を正すことができる。それを説明するには、データとしての価格がきちんと機能すれば何ができるようになるのかを知り、価格が誤った情報を伝えるのはいつなのかを考える必要がある。

オーストリアの経済学者であるフリードリヒ・ハイエクは1945年の有名な論文「社会における知識の利用」において、シグナルとしての価格についてすばらしい説明を行なった。それを要約するには、クリスが以前、聞いた話（おそらく作り話だが）を伝えるのがいいだろう。それはこんな話だ。

モスクワ市長が１９８０年代後半にロンドンを訪問した。冷戦が終わりに近づき、ソビエト経済が緩やかに崩壊していた頃だ。市長はロンドンに到着すると、どこにもパンを求める行列がないことに気づいた。それどころか、パンは安価で誰にも十分行きわたっているらしいし、街角に無駄になったパンが積み上がってもいない。市長は驚き、イギリス政府関係者に、どのようにしてこのような巧みな生産計画を行なっているのかを尋ねた。供給者はどのようにしてこれほど完璧に需要を予測できるのか。定期的な供給不足や供給過剰に陥らないよう、日ごとの変動や季節変動をどう組み込んでいるのか。価格はどのように設定しているのか。

答えはもちろん「何もしていない」だ。政府はパンの供給においてなんの役割も果たしていない。そう知ると、さらに疑問が湧く。たとえば、家族経営の小さな店がどうやってこんなに効率的にパンを供給できるのだろうか。小麦市場の状況、食品加工技術、物流、マクロ経済的な需要動向について深い知識がなければ、こんなことはできないのではないだろうか。

けれど、現実には家族経営の店にそうした知識は必要ない。知るべきは、パンの卸値だけだ。そうすれば、１日に何斤売れるか、すなわち供給者から何斤仕入れればいいかがわかる。そのうちに、１年のある時期、たとえば祝日や夏の期間には客が少ないこともわかり、一時的に在庫を減らすこともできる。同じように、パンの卸業者も複雑な小麦市場の動きやパンの製造コストを理解する必要はない。すべての情報は、価格に反映されている。ハイエクによると、価格は大規模な生産計画がなくても、経済活動を調整するために必要なあまたの情報と知識を内包し、融合する信号である。計画経済と市場経済を比べると、全体として、政府よりも価格のほうが効率的に売り手と買い手をつないでいると言える。

## ■情報の非対称性

けれど、ときにはこれがおかしくなることもある。2000年代に、アメリカの住宅購入者が支払うローンの利息を受け取る権利を得られる証券を買うことが、世界中の投資家のあいだで流行した。証券の価格からすると、すべてがうまくいっていて、住宅購入者がローンの返済をしないリスクはほとんどないと考えられた。けれど何が起こったかは、読者のみなさんも知っているだろう。この種の証券の多くは価値を失った。投資家が十分な情報を持たず、住宅購入者の財政状況と住宅市場の不安定さを正確に評価できなかったせいだ。**根底には経済学で言う「情報の非対称性」、つまり取引の当事者の一方がもう一方よりも製品についてよく知っているという問題があった。**多くの段階で情報の非対称性が起こっていたため、あれほどの大問題になったとも言える。ローンを提供した銀行は借り手である住宅購入者のことをほとんど知らず、ローンの利息を受け取る権利を買った投資家は、購入しようとしている証券の構造をほとんどわかっていなかった。

投資判断には、情報の非対称性がついてまわる。どうしたらいいのだろうか。市場というシステムをなくし、価格を撤廃するのではなく、アメリカの証券取引委員会（SEC）などの監視機関は、情報開示を進めようとしている。そのため、投資家が投資判断をするときの助けとなるよう、ナスダック（NASDAQ）やニューヨーク証券取引所に上場している企業に、四半期ごとに膨大なデータを公開するよう求めている。そうしたデータがあれば、売り手と買い手の情報格差を縮小し、価格が現実を反映するようになる。要するに、破綻した市場を、情報公開によって修復しようとしているのだ。

アメリカでは、ダイエット中の人にとっては不運なことに、食品に関するデータの情報公開が上場企業の情報公開よりもかなり遅れている。証券取引委員会は1929年のウォール街大暴落とその後の大恐慌の結果、情報開示義務を正式に決定したが、米国食品医薬品局（FDA）が食品の栄養表示を求めるようになったのは1990年になってからだ。

けれど、情報をより多く公開すれば、非対称性の問題は解消するのだろうか。リーマン・ブラザーズが四半期ごとに何百ページにもわたる資料を発表していたのに、同社の倒産（2008年9月）を警戒していた人はほとんどいなかった。また、食品医薬品局が、遅まきながらも栄養表示を求めたことによって、アメリカ国民の食生活が改善したわけでもない。「はじめに」の表で示したように、アメリカでは、肥満の人の割合が1990年から増加している。

## ■シンプルでわかりやすい情報を使って痩せる

情報公開を進めても市場を修復することができない理由はたくさんある。データを利用できても、何を意味しているかがわからない場合もあれば、データが多すぎる場合もあるだろう。クリスは20年以上も銀行の分析をしているが、巨大銀行が公開する大量のデータを解釈するのは難しいといまだに感じる。

食品の栄養成分表示も同じようにわかりにくい。栄養学はロケット科学のように難しくはないとされているものの、クリスの父親はまったく理解できないと言う。彼は大学で数学を学び、退職するまで情報管理者として働いた。2型糖尿病（訳注：遺伝的な要因に運動不足や食べすぎなどの生活習慣が加わって発症）を患っているために、栄養データを読み解く個人的な動機を持っているはずなのだが。

**問題は、栄養データの大部分がノイズだということだ。**1日のビタミンD摂取推奨量の何パーセントがオレオから得られるのかなんて、知らなくたっていい。それに、何が身体に良くて、何が良くないかも、栄養学者によって意見が異なる。

そうなると、何を食べたらいいのか、何を食べたらいけないのかがよくわからなくなる。だからこそ、あまり考えすぎず、ただ毎日、体重を量るのがいいだろう。栄養については、果物と野菜をたくさん食べて、他のものはほどほどにという、昔ながらのアドバイスに従えばいい。おそらく、そんなことはみんな知っているだろう。

情報公開がそれほどうまく機能しないのは、ロケット科学者（もしくは経済学者）でなくても説明できる。最良のデータとはシンプルでわかりやすいもの、たとえば価格だ。パン1斤が2ドル50セントなら、3ドル50セントのパンはより高級なものだという情報は、多すぎることもないし、わかりにくくもない。良いデータがはっきりとわかりやすく示されれば、行動を大きく、効果的に変えることができる。何を食べるかを決めるときには、カロリーの情報を同じように使えばいい。

1日にどれだけ食べるかをコントロールする助けとなる小さな習慣を探す過程で、わたしたち著者は、**カロリー計算をするのではなく、カロリーを意識することが、調理済み食品を買ったり、レストランで食事をしたりするときの決断の役に立つとわかった。**

ただ、レストランのメニューに表示されているカロリーのデータなどを、より良い決定のためのツールとして使うのはいいが、1日に食べるもののすべてのカロリーを計算する必要はない。わたしたち著者（クリスとロブ）も体重を増やさないためには1日何カロリーに抑えるべきか、といった正確な数字を知らない。いつもより多くのカロリーを消費する日もあるし、生理学的な個人差もあるからだ。幸いにも、カロリーを意識するテクニックは、正確な数値がわからなくても使うことができる。カロリーを計算して、ある数値を超えないようにする方法もあるかもしれないが、摂取するカロリーを毎日記録するのは大変だし、実際にカロリーを計測するのは不可能に近い。これから説明するように、さまざまな理由から、カロリー計算はやらなくていいと思う。

カロリーを意識するとはどういうことかを例を挙げて説明しよう。

わたしたち著者が働いていたワシントンD.C.のオフィスのそばに、コジという人気のサンドイッチ店がある（コジだけを取りあげるのは申しわけないが、これから指摘することは、メニューでカロリーを表示している世界中のサンドイッチ／サラダ店すべてに当てはまる）。そこへ同僚の女性が昼食を買いに行き、サラダと無料のフォカッチャ（これが実においしい）を注文するとしよう。選んだのは看板メニューのサラダだ。緑の野菜、ゴルゴンゾーラチーズ、ドライクランベリー、洋梨、ピスタチオ、赤ブドウに、シェリー・エシャロットのドレッシングがかかっている。健康的でカロリーも低いと彼女は考える。なんといってもサラダなんだし、果物が3種類も入っている。けれど、注文する前にメニューにあるカロリーのデータをよく見るべきだろう。実はこのサラダはドレッシングを含めて662カロリー。フォカッチャは214カロリーだ。合わせて876カロリーにもなる。

米国農務省（USDA）は、中程度の活動量の成人女性18～65歳が1日に必要とするのは平均2000カロリー（正確には1967カロリー）[※1]としているので、このサラダとパンの昼食は1日のカロリー摂取量のおよそ45パーセントになる。よって前章で定義した

| 飲みもの | カロリー | 代替案／解決策 | カロリー |
|---|---|---|---|
| グランデサイズのカフェラテ、成分無調整牛乳使用、(スターバックス) | 220 | グランデサイズのアメリカーノ、無脂肪牛乳使用* | 30 |
| グランデサイズのホワイトチョコレートモカ、成分無調整牛乳使用(スターバックス) | 400 | グランデサイズのアメリカーノ、無脂肪牛乳使用* | 30 |
| ヴェンティサイズのモカフラペチーノ、モカシロップ6プッシュとホイップクリーム入り(スターバックス) | 490<br>注：基本のドリンクにシロップを1プッシュ追加するごとに25カロリー増える | グランデサイズのアメリカーノ、無脂肪牛乳使用* | 30 |
| レギュラーサイズのコカコーラ、12オンス(355ミリリットル) | 140 | 炭酸水 | 0 |
| グラスワイン(赤) | 85 | 飲んでいい！がんばったのだから！ | 85 |
| ビール1パイント(473ミリリットル) | 204 | グラスワイン(赤)？ | 85 |
| ビール3パイント(1420ミリリットル) | 612 | 楽しもう！ 1度きりの人生なんだから！ けれどピザ、ハンバーガー、フライドポテト、ポテトチップス一緒に飲まないように。もしくは翌日の食事を厳格に自己管理すること(二日酔いの場合は難しいかも) | 612 |

出所：スターバックス、米国農務省

*コピペの間違いではない。習慣の力は偉大だ。注文のたびに何にするか悩むよりも、いつも同じカロリーの低いドリンクを選ぶほうがいい。わたしたち著者もそうすることを学んだ。違うものを注文するという誘惑から逃れられるだけでなく、コーヒーの本当の味わいを深く楽しめるようになった。

「しっかりした食事」に分類される。まあ、それはそれとして、問題は、カロリーを確認しなければ、同僚は軽い昼食だと思い込んでいただろうということだ。朝食、飲みもの、果物で500カロリーを摂取すれば、夕食は1日の推奨カロリーの3分の1未満にしなくてはならないことも気づかなかっただろう。

サラダ（もしくは同じくらい「軽い」食事）を昼食にすれば、夜はたっぷり食べても大丈夫だと、日々、計算違いをしている人も多いと思う。だから減量やリバウンド防止にはデータが必要になる。パッケージの側面やメニューにあるカロリーの数字を見て食べるのをやめたことは、わたしたち著者にも多い。

カロリーを意識することで大きく変わったのは、コーヒーを飲むときの習慣だ。クリスはスターバックスでホワイトチョコレートモカのグランデ（400カロリー）をよく注文したが、ずいぶん前からカフェアメリカーノの無脂肪牛乳入り（30カロリー未満）にしている。カロリーを意識することで、「飲みものではカロリーを摂らない」というルールが生まれた。

食事と一緒に飲みものを選ぶとき、どのくらいのカロリーを摂取することになるのかを考える人はほとんどいない。高カロリーの飲みものは、ダイエットを失敗に導きかねないのに手に入りやすい。かわりにどんなものを飲んだらいいかを考えてみよう。

わたしたちはエコノミストとして、測定し、管理することを重視している。大事なのは、わかりやすく、行動を効果的に変えることにつながるデータを測定し、管理することだ。**カロリーを意識することによって、情報過多の状態に陥らずに、より良い選択ができるようになる。**

カロリーの表示に関する決まりは州によって大きく異なるものの、米国食品医薬品局は2016年末までに、20を超える店舗を持つレストランチェーンには、メニューにカロリーを示すよう義務づけている。これは、ニューヨーク市やカリフォルニア州など、同じような義務を長年課してきた自治体を先例にしたものだ。政府による小さな介入ではあるが、良識の表れだとも言える。もちろん、カロリー表示が良い判断につながるのかどうかを問う研究もある。※2 けれど、問題の根本は、情報をどう使ったら良いかが理解されていないことだろう。カロリーを意識すれば、情報をすばやく容易に用いて、行動を改善するための決断ができるようになる。

## カロリーを計算しない

カロリーを意識するのは、情報の非対称性を解消するようシグナルを発信し、過食を防ぐためだ。データを使って、より良い選択に近づければいい。けれど、カロリーのデータがあれば必ず確認するということを習慣化しなければうまくいかないし、カロリーを確認しにくい場所もある。たとえば、大きなレストランチェーンのメニューにはカロリー表示があるが、近所の食堂にはないかもしれない。それでも、カロリーの情報を入手するようになると、正確な数字ではなくても、それぞれの食品にどのくらいのカロリーがあるのかがわかるようになる。食料品店で買う商品についても同じだ。ハーゲンダッツやベン&ジェリーズのアイスクリーム1パイント（473ミリリットル）のカロリーを一目見れば、シャーベットか、それほど濃厚でないアイスクリームにしようという気持ちになるかもしれない。けれど、また違う考え方もある。わたしたち著者は、アイスクリームの場合は、上質のものを堪能したい。そして、カロリーが高いことを（勇気があればだが）きちんと把握したうえで、ほんのたまの楽しみにする。

**ロブの話**

たいていの日は弁当を用意する時間がない。けれど、チョプトというサラダ専門レストランが職場の近くにあるので助かっている。そこのメニューには値段の横にカロリーが表示されているので、それを頼りに何を注文するかを決める。テキサス・プアボーイサラダ（680カロリー）とクラシック・コブ（670カロリー）がおいしいが、ローカロリーのケール・シザー（290カロリー）とメヒカリ・ヴィーガン（360カロリー）を選ぶようにしている。

けれども、カロリーを意識することと、完全な管理を前提とするカロリー計算には、根本的な違いがある。

カロリー計算も、食品の買い手と売り手のあいだにある情報の非対称性を解決しようとする。ただし、カロリー計算はもっと大がかりとも言える。カロリーを意識することを実践するのは、たいていは出来合いの料理や食品を買うときだ。おもに飲みものや昼食用のサンドイッチとサラダや、食料品店で購入する冷凍食品や総菜など、表示されたカロリーを確認するのが重要になる。一方、カロリー計算は非常に難しい。自分で調理する食品のカロリーを計算することはほぼ不可能だ。

カロリー計算は、一定期間に摂取するカロリーを徹底的に把握しようとする。食べるもののすべてを把握し、そのデータを使って食事の内容を考える。より良い決断のための合図を得るのではなく、食事の計画と管理を徹底するために行なう。**ただし、共産主義国家の計画経済と同じように失敗する。大量のデータを測定し、管理するのが難しいからだ。**要するに、(ストレスがたまることは言うまでもなく)長く続けることができない。もちろん、こうした厳格な方法によって一時的に体重は減るかもしれないが、自分の身体の状態をすべて数値データにするのが好きでない限り、計算をやめたとたんに、リバウンドが始まるに違いない。

## ■真面目にカロリー計算をするほど誤差が積み上がる

厳格なカロリー計算は実践が不可能だと思う。きちんと行なうには、家に閉じこもり、口にするものをすべて自分で料理しなければならない。それは望ましいことでも、現実的でもない。それに、摂取したカロリーをすべて記録するのも大変だ。1日のあいだに食べたものすべてとそのカロリーをあとから完璧に思い出すことはできないから、いつもいつも摂取したカロリーを書き留める必要がある。コーヒーやその他の飲料も含めれば、おそらく1日に何十品目も記録することになるだろう。表計算シートに入力した場合、どれだけのデータ量になるかを考えると、エコノミストのわたしたちでも気が重くなる。

厳格なカロリー計算に反対するのは、ストレスだけが理由ではない。測定誤差やデータ頻度の問題もある。また、食べたものすべてのカロリーを正確に把握しただけでは、体重の増減を決定する方程式の半分がわかったにすぎない。他にも運動、その他の身体的活動、目覚めているだけで消費される身体の基本的機能を維持するエネルギー（基礎代謝と呼ばれる）を反映した代謝率とカロリー消費量といったデータが必要だ。

測定誤差の問題についても考えてみよう。もし、カロリー摂取量を誤って毎日10～15パーセント少なく計算すると、1週間では1日分余分に食べることになる。リンゴ1個のカロリーでさえ53から116と幅があるのだから、この程度の誤差は起こってもおかしくない。[※3]加工食品のラベル表示も正しいとは限らない。タフツ大学のロリアン・E・アーバンらによる2010年の研究では、スーパーで購入した冷凍食品のカロリーがラベル表示より平均8パーセント多かった。[※4] また、レストランの食事のカロリーがメニューの表示よりも平均18パーセント多いことも判明した。[※5] **データがこのように信頼できないなら、生真面目にカロリーを計算しても、1日の目標値を超えてしまうのは避けられない。** もちろん、カロリー表示を無視するべきだと言っているのではなく、このような調査結果を踏まえれば、わたしたちのやり方のほうがデータの性質に合っているということだ。カロリーは、科学的な事実ではなく、おおざっぱな数字にすぎない。カロリー計算を真面目にやるほど、測定誤差が積み上がっていく。週に2回か3回カロリーを意識するのであれば、測定誤差を妥当で信頼できる範囲に留めることができる。

一方、カロリー計算が、実際に、また理論的に難しいために、そうした難しいデータの記録を助ける業界が生まれている。しかも、業界の規模は決して小さくない。2015年、オプラ・ウィンフリーは、ウェイト・ウォッチャーズ社の株式の10パーセントを4300万ドルで取得した。同社の減量プログラムでは、食べたものすべてにポイントを割り当てる高度な情報管理アプリによって、ユーザーが摂取カロリーを把握できるようにする。[※6]

公平を期すために伝えておくと、ウェイト・ウォッチャーズのダイエットプログラムは単純なカロリー記録に留まらない。プログラムには減量の方法として4つの柱がある。食事プラン（ユーザーはポイントの目標を立てる。カロリーとその他の栄養価情報に応じて各食品にポイントが割り当てられている）、活動プラン、行動改善プラン、グループサポート（毎週ミーティングがあり、体重も計測する）だ。わたしたち著者も行動改善の力を信じているが、こうしたやり方とはかなり異なる。

同社のカロリー計算プログラムはデータを重視しているため、わたしたちが提案する「カロリーを意識する」というどちらかというと緩い習慣よりも「科学的」で、よって効率がいいと考える人もいるだろう。けれど、わたしたちには、とても骨が折れることのように思える。まず、料理したり食べたりするたびに、すべての材料を計量しなくてはならない。朝食のシリアルにかける牛乳の量から、おやつにつまむアーモンドの数まですべてだ。大仕事である。外食するときはどうすればいいのだろうか。栄養価の情報はレストランが公開していなければ推測するしかなく、その推測も大きく外れるかもしれない。厳格なカロリー計算あるいは類似プログラムをきちんと実行しようとすれば、6カ月間は出歩くこともできない。体重は減るかもしれないが、人間関係は破綻する。

毎日24時間、食生活を管理し計測するのは大仕事ではあるものの、ウェイト・ウォッチャーズは、一定の範囲内で成功を収めているようだ。2011年にイギリスの医学誌ランセットに掲載された研究では、ウェイト・ウォッチャーズのダイエットプログラムを実践した377人の自発的参加者を、1年間、追跡している。プログラムを完了した230人（全体の61パーセント）は、平均で5キロの減量を達成した。[※7] それでも、長期的に見ると、状況は厳しいようだ。インターナショナル・ジャーナル・オブ・オベシティ誌に掲載された2001年の研究では、同プログラムを終了した1002人の参加者のうち、5年後に目標体重の2・3キロ以内に留まっていたのは、わずか19・4パーセントだった。[※8]

**カロリー計算をする時間のかわりに**

- 1〜3キロほどジョギングするか、ゆっくりウォーキングする
- 母親に電話をかける。あなたの電話を待っているはず
- 何キロ減量したかをSNSに投稿する。友だちや家族が肯定的な反応をしてくれるので、努力を続けようという気になれる
- 好きな趣味にかける時間を増やす
- リラックスする。お茶を飲みながら（おやつはなし！）読書をしたり、お気に入りのコメディドラマの再放送を見たりする
- 目標体重まで減量できたら買うべき服をインターネットで眺める

わたしたちは、友人や家族を対象に限定的な調査を実施した。カロリー計算をした人の

うち、数人が一定期間内に目標体重まで減量できたが、ダイエットをやめたあとに全員がリバウンドしている。友人のローラは2011年に、23週間かけておよそ9キロの減量に成功したが、その後、徐々にリバウンドし、2016年にはダイエットを始めたときと同じ体重に戻ってしまった。

ローラは後悔していない。厳しいカロリー管理がうまくいき、健康的な食生活について学べたことは良かったと思っている。また、減量についての有料のアドバイスを受けたことも刺激《インセンティブ》になった。「お金を払ったんだから、体重を減らせないとバカみたいじゃない」とローラは言った。もちろんこの言葉は、わたしたちエコノミストの耳には心地よく響いた。エコノミストはインセンティブが大好きなのだ。また、ローラはプログラムの一環として、週に1回体重を量ることがやる気につながったと言った。それでもリバウンドしたのはどうしてかと問われ、間食のせいだ、と答えた。そして、最後には、厳格なカロリー計算をずっと続けることはできないと認めた。プログラムをやめたあとは、間食や食べすぎを防ごうとする行動はしなかった。

当然だろうと思う。食べるものすべてのカロリーを完全に把握しようとするのは、過酷で過度な計画と管理を行なうことだ。『スター・ウォーズ　エピソード4／新たなる希望』でレイア姫がこんなことを言った。「拳を握り締めれば握り締めるほど、多くの星系が指のあいだをすり抜けていくのよ」

食事を厳しく制限すればするほどあきらめやすくなり、管理をやめると元の習慣に戻ってしまうのだ。

## 実証法としてのダイエット

カロリーに関する情報は、より良い決断をする助けとなる。けれど、これまでに説明したように、わたしたちは、カロリー計算には根本的な欠陥があると考えている。そのため、本書ではカロリーを意識することを勧める。では、食べるものと体重への影響のあいだにある情報の格差を埋めることはできないのだろうか。食品の生産者と消費者のあいだの情報の非対称性は解消できないのだろうか。

そんなことはない。情報格差を埋めるための時間が必要なだけだ。毎日体重を量れば、行動と体重をつなぐ点を打つために必要なデータと知識がすぐに得られる。やがて、苛立ちを感じたり、のちのリバウンドにつながるような状態に自分を追い込んだりすることなく、より確実に体重を計測し、管理できるようになるだろう。

**毎日の体重測定が食べたいという誘惑に抗う力になることはすでに述べたが、情報源としても重要な役割を果たすことをここで強調しておこう。**体重を量るのは、習慣として日課に組み込めば、30秒もかからずにできる。摂取したカロリーを記録するのは食事や間食のたびに数分かかるが、体重計に乗るのは歯を磨きながらでもできるので、生産性をまったく損なわない。エコノミストはこれを時間的に「摩擦がない《フリクションレス》」と言う。

本書が提案するダイエット法の軸となるのは、食べたものが翌朝の体重にどう影響するかを実験するという原則だ。そうすれば、自分の身体が理解できるようになる。毎日の活動量が同じなら、何を食べると体重が増え、何を食べれば減るのかがわかるようになる。また、食べるものを変えればどうなるかもわかる。何よりも、どのくらいの量が食べすぎか、食べすぎでないかもわかる。自分の身体で実験をし、体重というデータを使えば、減量のために食生活をどう変えればいいかがはっきり理解できるようになる。

章の初めに記したように、わたしたち著者は実証を重んじる。理論があれば、現実世界のデータを使って確かめたい。たとえば、原油価格は中国とアメリカの原油在庫量に連動すると考えたら、データを使って仮説を検証する。起業家が市場で商品を販売する前に潜在顧客に試してもらい、商品発売後は販売データと顧客からのフィードバックに適切に対応するのと同じだ。

すべては科学的手法の一部だ。実際には、科学とは厄介なもので、乱雑で、政治や文化やその他の要因に左右される。けれど、理想としては、仮説を検証、棄却、修正するのが科学だ。科学哲学者のカール・ポパーは、科学に果てはないと言った。科学とはつねに通説を反証しようと、実験を続けるものだからだ。

ダイエットをする人は、自分の身体について栄養学者のようによく知らなくてはならない。ただ体重計に乗るだけでいい。そうすれば、何がうまくいき、何がうまくいかないのかを知るために必要なことはすぐにわかる。理論を検証し、修正し、必要ならば棄却できる。

もちろん、この方法はひとつの原則的な仮定がもとになっている。そのため、次の文章を心に刻んでほしい。「毎日の体重は行動とつながっている」

本書のダイエット法に対して、毎日体重を量るのは良くないという反論がある。体重に悩む人の多くが言う。「それはわかるけれど、毎日、体重を量るのはどうなのかな。頻繁すぎるのではないか」

そう考える人が実に多いのだ。彼らはたいていこう主張する。「体重は変動が大きいから、理由もわからずに体重が増えると心がくじける」

**そんなことはない。わたしたちが見る限り、本当はその逆だ。**毎日、体重を量らないほうがいいという理由は、医学的にも科学的にもないし、わたしたちの経験からも、記録を取り続けるのは不可欠だと考える。クリスは10年以上ダイエットを実践し、自分の身体についてよく理解しているため、前日に何を食べたかによって、朝の体重をほぼ予測できるようになった。自分のデータを使い、実験をすることで、食品を買う自分自身と、レストランや食料品店といった販売者とのあいだにある情報の非対称をほぼ解消したと言える。（もちろん、クリスは毎日、体重を量るのを続けているが、今では体重を当てるゲームのようにもなっている）

## ■体重を増やす原因を特定しよう

毎日の体重計測を勧める理由のひとつは、パターンとつながりを見出す手助けになることだ。ダイエットプログラムの多くは、週に1度体重を量ることを勧めているが、それでは毎日の行動がどのように体重に影響を及ぼすかを知る機会がない。よりわかりやすくいえば、1日分3回の食事ではなく、1週間分21回の食事の影響を見ることになってしまう。**何が良くて何が良くないかを知るには、体重をより頻繁に量るほうがいい。**そうすれば、あの「健康的」なサラダとフォカッチャをレンズ豆スープか鶏肉と野菜のスープに代えるようになるかもしれない。

もちろん、わたしたち著者は、わたしたちにとって何がうまくいくかを学んだにすぎない。読者のみなさんも、実験を通して、わたしたちが考えなかったつながりを見出せるかもしれない。毎日、体重を量ったとしても良い結果が得られるわけではないが、とくに太りやすい食べものや行動を特定する助けにはなる。「人は食べるもので決まる」という古い格言は忘れて、「人の体重は食べるもので決まる」という、わたしたちが作ったより正確な格言を覚えてほしい。毎日体重を量る習慣がつけば、毎年何百回も実験ができる。

短期間の行動も重要だ。数日間続けて体重が増えたら、それまでの何日間かの食事は、量が適切ではなかったことになる。葉物野菜が身体に良く、ハンバーガーとフライドポテトが良くないことは、たいていの人が知っているだろう。飽食の世界にあっても、どんなものを食べれば体重が増えるかは、忘れられていない。けれど、みずから管理をしない限り、体重を増やさないために適度な量を食べるという能力は失われる。アイオワ州在住のジョン・シスナという理科の教師が、少量に留めるならほとんど何を食べても体重を落とせることを証明した。およそ127キロのシスナは、科学の授業の一環として、6カ月間、マクドナルドのハンバーガーだけを朝、昼、夕に食べた。その結果、28キロ減量しただけでなく、「悪玉」コレステロール（低比重リポタンパク、いわゆるLDLコレステロール）も下がったのだ![※9]

体重増加につながる食べものや行動を特定しようとするときは、1キロ以上、体重を増やすものにとくに気をつけてほしい。週末にたっぷり食べてしまえば、月曜の朝はたいがい何キロか体重が増えている。たとえば、ロブは、友人イアンの独身さよならパーティに参加するため週末をテキサス州オースティンで過ごしたあと、約2キロ体重が増えた。バーベキューなど脂っこいものをたくさん食べ、楽しく過ごした何にもかえがたい時間だったが、脂肪たっぷりの肉、コーンブレッド、マカロニ・アンド・チーズ、マッシュポテトなどを毎日食べたら、すぐに肥満に戻ってしまう。こうしたものをたくさん食べれば体重が増えるのは直感でわかるが、体重計で確認すれば実感が強くなる。

本書は栄養学の指南書ではなく、料理本でもないが、過去数年のあいだに、わたしたちが実験を通して得たおもな知見をいくつか伝えたい。食べる量を少なくすれば減量という目標を達成できるというのは基本だが、パン、パスタ、糖分、ジャガイモのような炭水化物はとりわけ体重増加に直結するので、できるだけ減らすといい。炭水化物のかわりに、青菜など低カロリーの食品を選ぼう。

## やってみよう

・家にあるポテトチップスを全部捨て、二度と買わないと誓う
・レストランでサイドメニューを選ぶときは、フライドポテトではなくサラダを選ぶ（特別な日は例外にしていい）
・この先2週間、ピザを食べない
・この先1週間、パスタを食べない

パンについては、トースト、サンドイッチ、クロワッサン、ピザなど、さまざまなもの

が含まれる。トルティーヤとトルティーヤチップスもだ。これはこの何十年かのあいだにメキシコ料理が人気となったアメリカにとってとくに重要だ。パスタも同様。基本的には小麦が主要な原材料のものは、量を減らすといい。糖分とジャガイモについては、スプーン1杯の砂糖や、ひとつのベイクドポテトということ以上に考えなければならない問題がある。炭酸飲料、キャンディ、カップケーキ、ピーナッツバターは脂肪に加えて、大量の糖を含んでいることだ。炭酸飲料だけでなく、リンゴジュースやオレンジジュースのような飲料も糖分が多い。**もう1度言おう。「飲みものではカロリーを摂らない」**

高果糖のコーンシロップやその他の甘味料を使っているものも同じだ。フライドポテトやポテトチップスもジャガイモなのでだめ。とくにポテトチップスは胴回りにとってとても危険だ。

パン、パスタ、糖分、ジャガイモが問題なのは、血糖反応を引き起こすからだ。**わかりやすく言うと、血液中の糖（血糖）を増やし、それによって脂肪を蓄えるよう身体に指令を出す。**つまり、こうした食品は、同じ分量のサラダを食べるよりも体重増加につながりやすい。科学と食品を専門とするライターのゲーリー・トーベスはそれについてすばらしい本を何冊か書いている。そのひとつ『ヒトはなぜ太るのか？ そして、どうすればいいか』（メディカルトリビューン）を、炭水化物や他の食品がどのような生体反応を引き起こすかを知りたい人には勧めたい。

身体が糖などの炭水化物にどう反応するかはトーベスが説明してくれているが、毎日の体重計測を通して実験をすれば、同じ結論を得られるだろう。単純な実験をしてみよう。パン、糖分、パスタ、ジャガイモを1日、口にしなかったら、次の朝、体重計の数字がどうなるだろうか。過体重あるいは肥満に分類される人（次のセクション参照）は、わたしたち著者と同じように、すぐに体重が減るだろう。1日で0・5～1キロ程度減るかもしれない。けれど、その後こうしたものを以前と同じように食べれば、体重はすぐ元に戻る。多くの人は、1日のカロリーの大半をこうした食品から摂っているため、食べるのをやめれば一石二鳥になる。つまり、体重増加につながることがわかっているものの食べる量を減らせば、1日に食べる量そのものも減らせる。

ローラの話を思い出してほしい。ローラは2011年にカロリー計算によって9キロ減量したが、厳しく管理するのをやめたらリバウンドした。2016年、クリスはイタリアで夏休みを過ごしてきたばかりのローラと電話で話をした。ローラは、その日、体重がもっとも重かった頃に戻ってしまい少し落ち込んでいるようだった。以前のように厳しいカロリー計算と管理を再開するつもりはなかったが、減量を固く決意していた。

実は、ローラは毎日体重を量っていた。本書が提唱するダイエット法について、その程度は知っていたからだ。2日続けて、0・5キロずつ体重が落ちた。けれど、クリスと話したときは意気消沈していた。前日「絶食」したのに、その日の朝の体重には何の変化も見られなかったそうだ。

ローラは週に3日働くワーキングマザーで、職場まで片道1時間以上かかる。クリスと話をした前日は休暇明けの初日で、朝食はトースト1枚、昼食は低カロリーサラダに抑えた。その日はロンドンでストライキがあったため、自宅に帰る列車は悪夢のようで2時間近くかかったが、それでもおやつを食べたいという誘惑に負けなかった。家に着くと、娘ふたりは夫が夕食を食べさせ、寝かしつけていた。残りもののピザが冷蔵庫にあったが、ピザは減量に良くないので、かわりにミートソースのスパゲティを食べた。

そこまで話して、ローラは黙り込んだ。クリスはスパゲティが原因だと指摘した。スパゲティはそれほど悪くないように思える（揚げものは入っていないし、ソースは野菜が材料だし）が、体重のコントロールを難しくする要因になるとローラは気づいた。すでに述べたように、毎日、体重計で実験をすれば、夕食にスパゲティを山盛り食べると体重管理が難しくなることを学べる。

かわりに何を食べれば良かったのかとローラに尋ねられ、クリスは、栄養になるソースを増やし、スパゲティはほんの少しにする、あるいはまったく食べないほうがいいと答えた。さらに重要なこととして、毎日、体重を量るのは片道切符にすぎないと言った。ローラには、実験をしようという姿勢が必要だ。さまざまなものを、量を変えて食べては体重計でその影響を測ると同時に、これまで食べてきたものが問題のひとつだと考えてみたほうがいい。

## おいしいチリスープを作ってみよう

ミートソースのスパゲティを食べたくなったら、このおいしい野菜チリスープのレシピを試してみてほしい。6～8人分。冷蔵庫で数日間保存が可能。ひとり暮らしやふたり暮らしだと何食分にもなる。レシピはわたしたちの友人が考案したものだ。

・オリーブオイル　大さじ1
・中ぐらいのサイズのタマネギ　1個　みじん切り
・ニンニク　2かけ　みじん切り
・アンチョチリパウダー　大さじ1
・パプリカ（パウダー）　大さじ1
・クミン　大さじ1
・カラーピーマン　3個（オレンジ1個、黄1個、赤1個など組み合わせて）、へたと種を取ってみじん切り
・トマトジュースかV8野菜ジュース　64オンス（1・89リットル）1缶

・カットトマト　14・5オンス（429ミリリットル）1缶
・コーン　15オンス（425グラム）1缶
・カットグリーンチリ　4オンス（113グラム）1缶
・豆（ブラックビーンズ、キドニービーンズ、もしくはピントビーンズがおすすめ）15オンス（425グラム）4缶、水を切って洗う
・塩とコショウ　お好みで

大きなスープ鍋か深鍋にオリーブオイルを入れ、中火にかけて熱する。タマネギとニンニクを入れ、香りがたつまで炒める。スパイス類を入れ（好みに応じて量は増減させてよい）、タマネギとニンニクにまんべんなくなじむまでかき混ぜる。カラーピーマンを入れ、4〜5分、やわらかくなるまで炒める。トマトジュース、カットトマト、コーン、グリーンチリ、豆、塩とコショウを入れ、好みでパプリカパウダー、クミン、チリパウダーを追加する。しっかりかき混ぜて、中火でぐつぐつするまで煮込む。弱火にしてさらに10分間煮込んでから、盛りつける。

さらに詳しく知りたい人は次のページの表を見てほしい。ロブは減量のために毎朝、体重を量るだけでなく、一時期は食事日記もつけていた。そのときの記録だ。食べたもの

## ロブの1週間の食事　体重計測による実験

| | 朝の体重・所感 | 朝食 | 昼食 | 夕食 |
|---|---|---|---|---|
| 1日目 | 85.8キロ<br>休暇明け初日。休暇中に2.3キロ太ってしまった。 | ブルーベリー、ヨーグルト、ミルクスムージー、コーヒー2杯 | シーザーサラダ | チキンタコス3つ、ライス、トルティーヤチップス |
| 2日目 | 86.6キロ<br>まいった！ 仕事に戻ったので、ストレス解消が必要だった。結果が体重に表れている！ | リンゴ2個、コーヒー1杯 | サラダ（レタス、コーン、ブラックビーンズ、ミニトマト、アボカド、タマネギ、軽いドレッシング） | ミソスープ、手作りの長ネギパンケーキ |
| 3日目 | 85.6キロ<br>よし。昨日はかなり頑張った。 | ブルーベリー、ミルクスムージー、コーヒー1杯 | イーツァというファスト・カジュアル・レストランのブリート・ボウル（625カロリー） | 手作りのメキシコ料理タマールとプレッツェル少し |
| 4日目 | 85.2キロ<br>昨日の食事も少なめだったので、今日も体重が減っている。 | チーリオスのシリアルをボウル1杯、コーヒー1杯 | 家族でピザを夜に食べる予定なので昼食抜き | 持ち帰りのピザ4切れ、1口ガーリックパン2～3個、サラダ、アンバーエールビール3杯 |
| 5日目 | 85.7キロ<br>昨日の夜はピザとビールを食べたので仕方ない。昼食を抜いたので、この程度で済んだ。 | コーヒー1杯だけ | 中華レストランで昼食。鶏肉とピーナッツの唐辛子炒め、海老の中華風唐揚げ、ライス | ホウレンソウサラダ |
| 6日目 | 85.5キロ<br>悪くない。昨日は朝食を抜いて、夕食をとても軽くしたので、昼が外食でも0.2キロ減った。 | タマゴ2個、ベーコン1枚、トースト1枚、コーヒー1杯 | リンゴ | ポークチョップとチンゲン菜、しょう油などの調味料使用 |
| 7日目 | 84.8キロ<br>昼食はリンゴだけにし、夕食を軽くした効果が出た。 | バナナ、ヨーグルト、ミルクスムージー | チョプトでメキシカンシーザーサラダ | 自分で調理した炒飯少しとリンゴ1つ |

が、次の日の朝の体重にどう影響するかが理解できると思う。たとえば、食事を減らせば、翌日は目に見える効果がある。ピザは良くないが、1食抜けば、体重はそれほど増えないといったことがよくわかる。また、1週間おいしい食事をしながらも一定の減量はできることがはっきりする。

## どのくらい体重を減らす必要があるのか？

データ収集、測定、管理はいいことだが、自分がこれまでどうしてきたか、どこに向かうのかを知り、現実的な行程をみずから描けることが前提になる。つまり、なんのために毎日体重を量り、カロリーを意識するかを理解しなければならない。**経済学の理論を使えば、食べずに我慢した最後の1口の不満が、減量する最後の1キロから得られる満足と等しくなるまでダイエットを続ければいい。**

ただそれがいつかがわかり、さまざまな感情の折り合いをつけるのは難しい。

現実の世界に話を戻すと、減量を成功させるには、はっきりとしたゴールすなわち目標を決めて、やる気を持続させ、それに向かって進む必要がある。目標設定の秘訣は、短期でも長期でも、達成可能なものにすることだ。たとえば、インターネット関連の新興企業が競争相手のいない製品を売るなら、市場で支配的な地位を確立することを目標にするだろう。けれど、多くのライバル企業がひしめく市場に参入するなら、どんなにデータを集めても、支配的な地位を確立するという目標は達成できない。目標が非現実的だからだ。どうやってそれを達成するかといった手がかりもなく、達成までの道のりを把握するためにどんなデータを使えばいいかもわからない目標を設定してもどうしようもない（残念ながらそうした目標を立てる人が多い）。

体重を「たくさん」減らさないといけないと考えるのは大雑把すぎる。そこで、小さな習慣と明確で現実的な目標とを結びつけることが必要になる。どういうことかはこれから説明するが、その前に、**現実的な目標を設定するには、実行可能な時間軸についても考えるべきであることを強調したい**。次章では、短期間で太りすぎを一挙に解消しようとすることこそ、長期的に失敗へとつながる愚かな試みである理由を説明する。20キロ以上減量して、それを維持したいなら、18カ月くらいの時間軸で考えたほうがいい。もちろん、減量がうまく進むよう、中間目標を設定するのはいい。たとえば、100キロ、95キロ、90キロといったキリのいい数字を直近の目標としつつ、長期的な目標を見据える。目標から目を離すと、達成が遠のく。

## クリスの話

2004年にダイエットを始めた当時は、それまで食べすぎていたため、最初は昼食のラザニアとフライドポテトをサラダか低カロリーのサンドイッチに変えるだけで良かった。２カ月で６キロ近く体重が減った。

けれど、その後はあまり減らなくなった。体重が減るにつれて、食べる量をどんどん減らさなければならなくなる。６キロすぐに減ったあとは、最終目標の20キロ減量を達成するのに、16カ月かかった。食生活を継続できるような形で変えなければならなかったし、休暇のあいだに数キロ、リバウンドしてしまったからだ。以前何度かやったように、急激に体重を減らそうとしていたら、この誘惑だらけの世界で食べる量を抑えるために必要な習慣を身につけることはできず、あっという間にリバウンドしてしまっていただろう。

使い古された表現だけれど、減量は短距離走ではなく、マラソンだ。現実的になる必要がある。たとえば、35キロ減量するのは、もちろん時間はかかる。けれど、達成は可能だと経験から言える。

## ■BMIを使ってみよう

目標体重を決めるもっとも単純な方法は、ボディマス指数（ＢＭＩ）を使うことだ。ＢＭＩは簡単に算出できるし（これから説明する）、どのくらい太りすぎで、どのくらい体重を減らす必要があるかを示してくれる。身長が高い人ほど体重が重いというのを前提にしていて、普通―過体重―肥満のどこに自分が位置するかを身長にもとづいて割り出せる。直感的にわかりやすい例としては、90キロの40歳の男性は、身長が170センチなら「肥満」、183センチなら「過体重」、193センチなら「普通」になる。

BMIの計算は簡単だ。体重（キロ）を身長（メートル）の2乗で割る。「BMI計算」とグーグルに入力すれば、計算してくれるサイトがたくさんヒットするから、そのどれかを使えばもっと簡単だ。

BMIは18・5から24・9が普通体重（18・5未満は低体重）。25〜29・9は過体重、30以上は肥満と分類される。35以上は深刻な肥満で、40以上は病的肥満とされる。（訳注：日本肥満学会は25〜30未満を肥満〔1度〕と分類）読者のみなさんも自分でBMIを算出したことがあるかもしれないし、親切な医者が計算してくれたことがあるかもしれない。どちらにせよ、本書を読んでいるなら、計算結果に喜んでいないのだろう。

気持ちはよくわかる。2004年1月にクリスが運命的に体重計に乗ったときの体重は100キロだった。身長は178センチなので、BMIは31・6だ。［100÷（1・78×1・78）＝31・6］。10年後の2014年1月、ロブが同じく自分のBMI計算をしたときは、恐ろしいことに36・9だった。

**やってみよう**

ＢＭＩを計算しよう！

体重（キロ）÷［身長（メートル）×身長（メートル）］＝ＢＭＩ

参考３例

男性１：体重90キロ、身長１７０センチ（１・７メートル）

１・７×１・７＝２・89

90÷２・89＝31・１

31・１ＢＭＩ

男性２：体重90キロ、身長１８３センチ（１・83メートル）

１・83×１・83＝３・３４９

90÷３・３４９＝26・９

26・９ＢＭＩ

男性3：体重90キロ、身長193センチ（1・93メートル）
1・93×1・93＝3・725
90÷3・725＝24・2
24・2BMI

そう、わたしたち著者は肥満の状態にあった。BMIが37近かったロブは、深刻な肥満に分類された。もちろん、BMI値を計算しなくても、減量の必要があることはわかっていた。鏡の前に立てば一目瞭然だ。けれど、数値を見て、医療上、肥満に分類されるのだと思い知らされるのはまた別で、減量への刺激につながる。良い気分ではないが、深刻な現実を悟った。

もちろん、BMIは評価として完璧ではない。体形の違いを太りすぎであることのいいわけとして使う人がいるだけでなく、身体には個人差があるからだ。BMIの分類では、生まれつきの体形や筋肉量の違いなどは考慮されない。なので、やみくもに使わないほうがいい。ただ、体重の問題をとらえる枠組みとしてはとても便利だ。目標設定をするのは目標設定をしないよりいいことだし、目標設定にはBMIがもっとも使いやすい。

さて、話を戻そう。読者のみなさんも自分のBMIを計算したと思う（まだ計算していなければ、すぐにしてほしい）。では、健康的な体重までどれだけ減量しなくてはならないだろうか？　開始時のＢＭＩがいくつであっても、減量の目標はＢＭＩ25未満に設定するのがいいと思う。「普通」体重の上限値だ。それが現実的だと考える。著者のふたりは中年男性で、小さな子供がいて、フルタイムで働いている。身体を「完璧」にする時間はなく、最近ではそんな気にもならない。彫刻のような上半身と盛り上がる上腕二頭筋で女性を魅了するのを夢見たのは遠い昔だ。さらに言えば、食べることが大好きなので、スリムで、しみったれた、データ分析マシーンになることに時間や気力を使いたくない。わたしたちにとって、それは優先度が低いのだ。読者のみなさんにとってもそうだろうと思う。

わたしたちがダイエットを始めた唯一の目標は、太りすぎに分類されないよう体重を減らして、１日24時間、３６５日、自分らしくありながら、どちらかというと健康的なライフスタイルを送ることのできる体形になり、維持することだった。みなさんもそれでいいと思う。過剰消費に対する懸念はあるものの、わたしたちは食べることが大好きだ。そもそものせいで肥満になった。だからＢＭＩを20に下げるために、自分自身を苦しめるつもりはない。もちろんＢＭＩが22～24になればすばらしいが、ＢＭＩ25（正確に言うなら24・9）はとても良い値だし、難しくても達成可能な目標になる。

とはいうものの、ＢＭＩは20～25で普通体重に分類されながらも、過去数年のあいだに増えてしまった5～7キロを落としたいと思っている人も多いだろう。たとえば、わたしたちの友人の女性は、ＢＭＩの普通体重の範囲にありながら、出産前の体重に戻したいと言う。実は、現在どんな体重の人でも、本章で述べたことはすべて（それを言うなら本書すべてが）、減量を試みる際に使うことができる。普通体重の人がなんらかの理由で5キロ減量したいのなら、ＢＭＩ値による目標は必要ない。目標を5キロ減量に設定すればいい。それでも、現実的になることは必要だ。理想体重のＢＭＩ値を計算してみよう。20未満なら、そこまで努力する価値があるのかを考えてみるといい。自分自身にそれほど厳しくしなくてもいいのではないだろうか。体重は少し増えたかもしれないが、その分知恵と経験も身についているはずなのだから。

目標設定の最終段階では、ＢＭＩ値25未満にするにはどのくらい減量しなくてはならないのかを把握する。計算式は次のようになる。

目標体重（キロ）＝25×〔身長（メートル）×身長（メートル）〕

クリスの例を使って考えよう。当初のＢＭＩ値は31・6で、目標値は25だった。逆算をすると、目標体重は79キロ。21キロ減量しなくてはならない。ロブの場合は目標値のＢＭＩ25にするために、34キロ体重を減らす必要があった。ロブとクリスの身長はだいたい同じ（178センチ）で、普通体重と過体重の境界線は79キロだ。

すでに述べているように、ふたりともやり遂げた。近いうちにカルバン・クラインの下着の広告に出ることはないだろうが、ＢＭＩ値が25になって自分の身体に自信が持てるようになり、より健康になった。血圧が下がり、コレステロール値も低くなっている。設定した目標が現実的だったので、達成することができた。たとえば北欧神話の神トールのような外見になるという壮大な目標だったら、早々にあきらめて、元の木阿弥《もくあみ》になってしまったかもしれない。

とはいうものの、簡単なことではなかった。のちの章では、もっと食べるように誘惑するのを目的としたマーケティングにいかに抗うか、減量を永続させるのがいかに難しいかを論じる。友人や家族との祝いの席に同席する必要性と体重管理を両立させる方法も伝える。けれど、こうした問題がなくても、20キロ以上の減量はとても大変なことだと認めるのが大事だ。すでに述べたように、減量は18カ月、あるいはもっと時間をかけて達成するべきだ。わたしたちも短距離走のようにすぐにゴールに到達したわけでは決してなく、どんなに自分を律しても、体重計の数字がまったく変わろうとしなかった期間は本当にいらいらした。それでも身の回りのデータを見失わなかったために、続けることができた。

## この章で提案した最善の行動

### ▼重要な小さな習慣

・カロリーを意識する

### ▼さらなる小さな習慣

・飲みものではカロリーを摂らない
・体重計を使って実験をする。役に立つなら食事日記をつける
・パン、パスタ、ピザ、糖分など炭水化物の摂取を控える
・現実的な長期減量目標と、やる気を高めるための小さな短期目標を立てる
・20キロ以上の減量は、18カ月かそれ以上をかけて取り組む

# 4章

# 買い手は用心せよ

## ――ダイエット業界のために時間とお金を使わない

The Economists' Diet

Chapter 4

## 流行のダイエット法を警戒する

体重を減らすためにダイエットをする人は誰でも、逆風に立ち向かうことになる。豊かさ、誘惑、空腹などの問題についてはすでに述べた。けれど、そうしたものと同じくらい手強く、蔓延しているものがある。それはマーケティングだ。

わたしたち著者は、政府の介入のない自由市場と消費者が買いたいものを選択する権利を全面的に支持している。たとえその選択が賢明でも、理性的でも、健全なものでもなかったとしてもだ。その一方で、こうしたシステムは減量を目指す人にとって概して好ましくないことも理解している。食品の製造業者、販売者、レストランは食品の消費が増えるほど儲かるため、消費者ができるだけ多く食べるように働きかける。マクドナルドや他のファストフードチェーン店が提供する「バリューセット」やお得なセットは、ほんの少しお金を足せばより多くの食べものが買えるようになっている。ウエイトレスは、頼まなくてもデザートのメニューを持ってくる。広告宣伝、包装、そしてもちろん、もっとも太りやすく健康に悪いお買い得商品もそれが目的だ。

このような誘惑から逃れる責任は、消費者としてのわたしたちにある。**より良い選択をするには、もっと食べさせようとする売り手や広告の絶え間ない圧力を警戒しなければな**

**らない。**同様に、流行りのダイエットやいわゆるダイエット食品にお金を使うのにも慎重になる必要がある。こうした商品は、短期間で簡単に痩せたいという人々のひどく楽観的な願望をうまく利用して考え出され、包装され、売られている。本章で論じる行動はとてもシンプルだ。すなわち——流行りのダイエットやダイエット食品にお金と時間を使うな。

## アップセリングに乗らない

食品産業がわたしたちの過食を促し、その過食が大きな健康被害を起こしていることがはっきりしているのに、なぜなんの手も打たれないのだろうか。なぜ政府や市民団体は、人ごとのように眺めているだけなのだろうか。

端的に言えば、わたしたちの多くがまずまずの生活水準を維持できるのは、自由企業経済のおかげだからだ。自由企業経済は金の卵を産むガチョウであり、どんな政局になろうと、主流政党の政治家が価格制度や消費者の選択の自由を大きく批判することはない。

また、より過激な評論家が指摘するように、広告主やマーケティングの専門家が企業、株主、顧客のニーズに合わせて消費者の意思を曲げ、消費者をカモにするのは、必ずしも選択の自由のせいではない。けれど、消費者としての自分の運命を自分の意のままに操ることは、口で言うほど簡単ではない。だからこの章に意義がある。読者のみなさんには、マーケティング戦略に騙されないよう、食品の買い手としてしっかり備えをしてほしいと思う。

自由市場がもっとも効果的に長く機能するには、消費者が賢い選択をする必要がある。つまり、適切な量と質の製品を買うことに責任を持たなければならない。たとえば、自動車メーカーは、消費者が最高技術を搭載した最新の車を毎年買ってくれればいいと思う。けれど、大金持ちのカーマニアでない限り、車は信頼できて、何年も乗れるものが1台あれば十分だ。

「買い手は用心せよ」という言葉は、消費者は企業に操られているのではなく、市場で最大の力を持っていることを意味する、資本主義を支える経済哲学だ。資本主義経済がうまく機能するのは、消費者が品質の良くない商品をより多く買わせてお得感を装う「安っぽい」戦略に騙されず、とくに画期的で有用な製品やサービスの恩恵を受けるときだ。

お得感を装う例としてよく見られるのが、アップセリングだ。映画館の売店やよく行くファストフードのレジでSサイズのドリンクを注文する。すると、あと少し多く払えばMサイズが買えますよ、と言われる。量は1・5倍。お得だ！　けれど、本当にそうだろうか。こういったことはよくある。長期的に見れば健康に良くないことは考えず、その瞬間は得をしたような気がしてより量が多いほうを選ぶ。これが著者であるロブとクリスがいつも引っかかった罠だった。

## 子供用を注文しよう

友人が家族とカーベルに行ったときの話をしてくれた。カーベルはアメリカ中に店舗を持つアイスクリームチェーンだ。友人は列に並びながらさまざまな大きさのカップやコーンを見ているうちに、ふたつのもっとも小さいサイズを注文しようとする大人がほとんどいないことに気づいた。キッズとジュニアという名前のせいだろう。けれど、このふたつのサイズのカロリーをS、M、Lサイズと比べたところ、キッズサイズで十分ではないかと思った。

子供用のサイズがあることには、なかなか気づかないかもしれない。カウンターの向こうの人も勧めないだろう。実際、友人の前に並んでいる大人たちもS、M、Lしか勧められていなかったし、子供向けを頼もうなどと思ってもいなかったに違いない。スターバックスでも同じだ。ショートサイズがあることに気づいている人はどれくらいいるだろうか。

一番小さくて最適な量のものを選ぶには、何秒間かの注意が必要となるし、食欲のスイッチを切らなければならない。今度、外食するときは、子供用を注文してみてほしい。最初は馬鹿にされないかと心配に思うかもしれないが、体重計に乗ればそうした恥ずかしさも忘れてしまうだろう。

スターバックスのホワイトチョコレートモカ（全乳タイプ）の例を見てみよう。このおいしいコーヒーは、12オンス（約355ミリリットル）の「トールサイズ」で3ドル75セント。20オンス（約594ミリリットル）の「ベンティ」4ドル75セントに比べると明らかに割高だ。1オンス（約30ミリリットル）当たりではベンティは24セント、トールは31セントで、トールが30パーセント高い。カロリーはどうだろう。トールが280カロリーなのに対して、ベンティは460カロリーもある。健康のことを考えれば、大きいサイズの割安感など忘れてトールサイズを選ぶほうがいい。（実際は、モカではなくてアメリカーノかドリップコーヒーを勧める。カロリーが低いだけでなく、値段も安い）

このような意思決定をするときは、より大きなサイズが「割安《バリュー》」だと一瞬で算出するかもしれないが、将来の健康が犠牲《コスト》になることを忘れてはいけない。今よりサイズの大きな服を新たに買う費用《コスト》も発生する。**長期的な費用と便益を比べると、量の多い食べものは支払う費用以上の犠牲が発生するため、結局は、製品価値が小さくなる。**

---

### クリスの話

経済面から「合理的」だという理由で、より量の多いセットメニューを注文する人がいるのを信じられないなら、わたしの話をしよう。わたしがダイエットを始める前は、マクドナルドにまだスーパーバリューセットがあり、わたしはできるだけ大きなサイズを選ぶことが多かった。フライドポテトをより多く食べられるし、コーラもより多く飲めるだけでなく、そのほうがお得だと思っていたからだ。

多くのレストランで食べられる無料のパンについても同じだ。パンが必要だとか欲しいとかいうのではないが、無料のパンを勧められず、得をするチャンスを奪われると、ウエイトレスを恨んだものだ。


別の方向から考えてみよう。今度、お得なメニューを勧められたら、それはすばらしい起業家精神から生まれたものなのか、それとも健康に良くないものをさらに食べさせて売り上げを増やすための悪巧みなのかをよく考えてほしい。前者であれば、結果的には太ることになるかもしれないが、とくに問題ではない。だが、後者については断固、拒絶するべきだ。詳しく見ていこう。

経済に関する議論は、アダム・スミスの『国富論』から始めるのがいいだろう。なかでも、自由市場経済で活動するパン職人やビール醸造者や精肉店の話は、わたしたちがなぜ互いにモノを売るのか、なぜ一般論として、より多く売ることがみんなの益になるのかを説明している。

ある小さな村の人たちが地元のパン職人からおいしいパンを手に入れたいと考えた。そのためにはふたつの手段がある。ひとつは、パン職人の隣人に対する愛情が商売上の関心よりも大きいことを期待して、パン職人にパンを乞う。もうひとつは、パン職人の利益になるようパンのかわりとなるものを提供する。

たとえば、ある人はパン職人がときおりビールを飲むのが好きなことを知っていたので、ビール造りの知識を用いてビール醸造所を建て、ビールとパンを交換した。別の人は食肉処理の技術を持っていたので精肉店を営み、上質の肉をパンと交換した。このように相手の利益に訴えることで、村人たちはモノやサービスを互いに売るたくさんの新しいビジネスに支えられた活気ある経済圏を作り上げた。

これはハッピーエンドの物語だ。自由市場の見えざる手が人々により良い生活と、より多くの富をもたらす。また、よくある（誤った）見方とは違い、アダム・スミスは欲によって経済を動かすことを勧めたわけではない。経済学の父と呼ばれるスミスは、人間には生来、他者を思いやる気持ちがあると信じていた。他者に共感できるのが人間だ。村が小さければ、パン職人はたぶん必要としている人にパンをただであげるだろう。またアダム・スミスは、パン職人には、ビールや肉など自分自身では供給できないものが必要なので、ビール醸造者や精肉店の店主がビールや肉をパンと交換することによってみんなのニーズが満たされることを示している。交換をするという人間が持つ傾向が生んだものは、村全体の生産の増加、すなわち富だ。

これは成長がずっと続く可能性を語る楽観的な物語でもある。創意工夫と「売買、物々交換、取り引き」をする傾向とが結びついて、仕事の専門化（精肉店、パン職人、ビール醸造者、仕立て職人、鍛冶職人、革製品加工職人など）が進み、人々がより多くのモノを消費できるようになった。経済は、誰かの消費が減ることによって別の人の消費が増えるというゼロサム・ゲームである必要はない。

## ■肥満の蔓延と創造的破壊の関係

18世紀後半のイギリスの小さな町ではアダム・スミスが述べた通りのことが行なわれていた一方で、産業化と専門化が徐々に進み、やや異なる資本主義の力が生まれていた。資本主義は安定して成長するだけでなく、必然的に急速な変革を起こすものなので、その変革によって多くの事業（さらに個人の生活も）が破壊される。オーストリア生まれのアメリカ人経済学者、ヨーゼフ・シュンペーターは20世紀の初期に、資本主義は定期的に「創造的破壊」が起こる経済システムだと述べている。つまり、革新者《イノベーター》は新しい製品、新しい市場、新しい生産技術、新しい供給プロセスを創造して巨額の富を得ようとするが、それは消費者に恩恵をもたらし、長期的な経済成長に欠かせない要素となる一方で、短期的には従来のやり方で仕事をしてきた事業者を破綻させてしまう。この変化と崩壊の現実は、アダム・スミスの著書では語られていない。

アップルのスマートフォンの例を見てみよう。同製品は携帯電話業界を変え、巨人ノキアの息の根を止めた。ノキアはもう対抗できなかった。デジタルカメラ業界では、アメリカのもっとも歴史あるテクノロジー企業であるコダックが倒産に追い込まれた。

肥満の蔓延も、根底には創造的破壊がある。食品加工の革命は、まさにシュンペーターが述べた資本主義の典型だ。食品の製造、貯蔵、包装方法の革新によって、より安いものが大量に出回るようになった。それについていけない生産者は、コスト構造が異なるニッチな市場を見つけられない限り、危機に直面する。「はじめに」で述べた通り、安価な食品の大量あるいは過剰な供給が、アメリカで肥満が蔓延する根源と言える。

起業家によるイノベーションは、劇的な変化をもたらすものとは限らない。もっと単純なことの場合もある。たとえば、ハンバーガーにも創造的破壊が起こる。わたしたちはふたりとも、マクドナルドが大好きだった。クリスが銀行で働いていた頃は、ストレス解消にビッグマックを食べ、さらにチーズバーガーをデザートにしていたことはすでに述べた。けれど、あれから10年以上経ち、クリスはもうマクドナルドで「ごちそう」を食べたいと思うことはなくなり、かわりにファイブガイズかシェイクシャックに行くようになった。従来のハンバーガーチェーンは不振にあえいでいる。ファストフードのハンバーガー業界は、他の業界同様、創造的破壊に対する免疫がなかった。

## ロブの話

減量を始める前、わたしたち家族は、同じくらいの年の子供がいる別の家族と定期的に食事に出かけていた。その家族は、親はふたりとも痩せていて、わたしの知る限りでは、体重をそれほど気にしてはいないようだった。けれど、彼らの注文は、わたしから見ればとんでもないものばかりだった。あるとき、母親のほうが、チックフィレイ（訳注：フライドチキン店）でサラダを注文した。わたしは言葉を失った。馬鹿にされたような気がした。けれど、最近はそれが理解できるようになり、自分もサラダを頼むようになった。子供を喜ばせるためのたまの機会とはいえ、自分を甘やかしていいわけではない。

つまり、何を口に入れようとしているのかを意識すべきだということ。記念日や誕生日でもない限り、一番おいしそうだからという理由で注文してはいけない。ぜいたくな食事をしようと意識して決めたのでないなら、胴回りを太くしないですむようなものを注文しよう。となれば、チックフィレイで540カロリーのスパイシーサンドイッチに400カロリーのワッフルポテトフライを選ぶことはなくなる。

難しい理屈を言っているのではない。大半のアメリカ人のようによく外食をして、いつもピザやハンバーガーや好きなものを頼んでいたら、毎朝体重計に乗るたびに悪い知らせを受け取ることになるだろう。

ファイブガイズがとくに画期的だったのは、客がハンバーガーを自分の好みで作れるようにしたことだ。標準化を打ち破った完璧な例で、客はそれぞれの好みに合う商品を買える。逆に、マクドナルドでは、豊富なメニューを用意して世界中の誰もが選べるようにしているが、やや時代遅れに思える。一方、ロブとクリスにとっては、ファイブガイズとシェイクシャックのハンバーガーがおいしいために、ダブルバーガーを注文するのが今やお決まりとなってしまった。こうした画期的なハンバーガーは、おいしいけれど太りやすい。

ここにジレンマがある。食品産業の起業家が新しい製品を考えつくたびに、政府が国民の胴回りが太くなるのを止めようとして介入をすれば、食品加工産業で革命は起こらなかったかもしれない。あるいは、おいしいハンバーガーの登場も、外食産業の起業家たちが世界中から無数の新しい味を探し集めて食事の選択肢を広げてくれることもなかっただろう。規制当局ではなく、消費者が自分自身の身体のサイズに責任を負うよう求められてきたからこそ、消費者は食べることの喜びや満足度を大きく膨らませることができた。

アダム・スミスの不滅の言葉を借りれば、わたしたちは市場の「見えざる手」の恩恵を楽しんでいる。けれど、どんどん食べ続けて、年々、太って不健康になっていいというわけではない。

では、どうしたらいいのだろうか。まずは、売り上げの拡大がつねに同じ意味を持つのではないことを理解しよう。画期的な良い製品であれば、それを認めて、お金を払う。食品産業界で新しい試みがあれば、思い切って試してみるのもいい。わたしたちは、ファイブガイズに行くのを楽しんでいる。ただし、そうした贅沢をしたあとは、その日の残り、あるいは翌日、短期間の断食をする。（これについては6章で述べる）

けれど、より見識のある消費者なら、「買い手は用心せよ」の考え方にもとづき、映画館の特大サイズのポップコーンやマクドナルドのバリューセットやスターバックスのホワイトチョコレートモカのベンティサイズなど、より多くの量を少し割安な価格で提供するのは、売り上げを伸ばすための、想像力に欠けたつまらない手段であることに気づいてほしい。買い手は用心せよとは、正しい選択をするにあたって、ボールはこちらのコートにあるということだ。**より多くの食品を買わせようとするのは、消費者にこれまでとかわり映えのしない製品をより多く買わせるための必死の策略でしかないことを覚えておこう。**

## 食品の表示や広告宣伝に使われる誤解を招く表現

テレビを1時間見れば、いろいろと驚くべきことがわかる。スポーツ選手がゲータレードやパワーレードのような糖分の多いドリンクを飲み、スリムな大スターがペプシを愛飲し、流行に敏感なアメリカの若者（みんな痩せている。どうやったらあの細いジーンズに身体が入るのだろう？）がいつもビッグマックやソーセージマフィンを食べている。読者のみなさんは、コマーシャルだから当たり前だとか、そんな見え透いた仕掛けには引っかかるはずがないと思っているだろう。けれど、こうしたお馴染みのマーケティング戦略を逆手にとれば、その罠に陥るのを防げるかもしれない。

まず、マーケティングのプロはこうした戦略がどのように働くかを知っていることを覚えておいてほしい。前述の例は、わたしたちの「システム1」、つまり直観的な脳の働きに訴えるように作られている。システム1は、ノーベル経済学賞受賞者であるダニエル・カーネマンが提唱した脳の働きで、「認知を容易にするために、真実を錯覚し、心地良く感じるものに飛びつき、警戒を緩める。曖昧さを無視したり、疑いを排除したりする」[※1]。

もし、あるスナック菓子が、脂肪分が少なく、身体のために良いと言われたら、高脂肪のスナック菓子よりはましかもしれないが他の食品と比べたらやはり脂肪分もカロリーも多いことを考えもせず、その言葉を信じてしまう。システム1の働きによってこうしたことが見過ごされるのは、低脂肪という表示がわたしたちの注意を引きつけるからだ。カーネマンは、また、わたしたちの直感はいわゆる後光効果《ハロー》（訳注：対象が持つ顕著な特徴によって他の特徴に対する評価が歪められること）に左右されるとも言っている。**好きなものや尊敬するものには温かい光が射しているように見えるのだ。**そのため、「わたしはビヨンセが好き。ビヨンセはペプシを飲んでいる。だからわたしもペプシを飲もう」と考える。

減量を妨げる食べものや飲みものを勧めるような言葉を警戒するには、カーネマンの言う「システム2」の脳を使う必要がある。システム1の脳は「努力をほとんど、あるいはまったく必要とせず、任意にコントロールすることもなく、自動的にすばやく働く」が、システム2の脳は「複雑な計算など努力を要する知的活動に必要な注意を割り当てる。システム2の働きは、主体性、選択、集中などの主観的経験に関連づけられることが多い」[※2]。

何を食べるかにいつも注意を払い、自分に責任を持ち、より良い選択をして、無意識に食べるのをやめようというのは、システム2の脳をできるだけ頻繁に働かせるというのをわかりやすく述べていることになる。この原則については、章の初めでバリューセットの話をしたときにすでに示している。わたしたちは直感的にあと少しお金を足せばより多い量が買えるものを選んでしまうが、いつも本日の「お買い得」を選ぶのではなく、長期的な目で健康に対する害を正しく考えるべきだ。

## ■食品メーカーから届く不誠実で巧妙なメッセージ

さて、行動経済学の講義はここまでにして、マーケティングの話に戻ろう。

プロのスポーツ選手は実際にいつもゲータレードなどのようなものを飲んでいるかもしれないが、これには問題がある。わたしたちは、プロのスポーツ選手ではないということだ。本格的にトレーニングをしている人なら、カロリーを多めに摂ってもなんとかなる。けれど、オフィスで働き、家族が家で待っているなら、ジムに行くことも、さらに約

946ミリリットルのゲータレードに見合うカロリーを消費するのも難しい。典型的なアメリカ人のように食べていれば、それはさらに難しくなる。

ビヨンセは、わたしたちも好きだ。けれど、たとえ彼女のお気に入りだとしても、ペプシは避けるほうがいい。平均的なアメリカ人（ビヨンセのような体形の人ではない。お忘れなく）は、毎日ひと缶以上の炭酸飲料を飲む。驚くことに、21オンス（約622ミリリットル）の「Mサイズ」のコップ1杯の炭酸飲料には、米国心臓協会が1日の目安とする摂取量をはるかに超える糖分が含まれている。[※3]どう考えても、ビヨンセが実際にペプシ（あるいはコカ・コーラやそのほかのソフトドリンク）を飲んでいるかは大いに怪しい。ビヨンセや、ゲータレードの宣伝に出てくるアスリートやジャンクフードを宣伝する有名人の行動は、昔からの鉄則を思い出させる。**それは、すぐれた麻薬の密売人は、自分の商品には手を出さないということだ。**

たまに甘い飲みものを飲んだり、気に入っているファストフード店に行ったりするのはかまわない。ただ、それを生活の一部にしてはいけない。企業の広告や宣伝は、健康的な食生活に関するわたしたちの考えを混乱させようと力を尽くしてきた。引き締まった身体を持つ清潔感溢れる有名人がダブルチーズバーガーを食べ、一緒に冷えた炭酸飲料を飲んでいるのを見れば、自分もそうしたくなる。けれど、すべて幻想だ。有名人はそんなことをしていない。だから、わたしたちもしなくていい。

すでに述べたように、減量を始める前、わたしたちは太りすぎのいいわけをするために、その手の本に書かれているあらゆる言葉を使った。たぶん基礎代謝率が低いのだろうとか、遺伝的に太りやすい体質なのだとか。そして、痩せている人たちと同じように食べていると本気で信じていた。それは、企業の宣伝努力の賜《たまもの》でもある。システム2の脳をほぼいつも働かせていると考えたいわたしたち著者でさえ、惑わされて食べすぎていた。

好きなだけ食べても太らない人は実際にはいない。少なくともわたしたちはそういう人を知らない。これは、アメリカ人の3人にふたりは体重過多か肥満だという事実から見れば明らかだが、ショッピングカートに溢れるほど詰め込んだ商品のラベルからは、それがわからない。**実際に、多くの企業やマーケティングの専門家は、有名人を使って製品にお墨つきを与えるだけでなく、容易に誤解を招くような巧妙なメッセージを送ってくる。**どんな加工食品にも、健康に良いと思わせる言葉が書いてあるのだ。例を挙げるときりがないが、代表的なものとしてダイエット、低脂肪、心臓に良い、無脂肪、砂糖不使用、低炭水化物、減塩、低コレステロール、グルテンフリー、天然、砂糖無添加、高果糖コーンシロップ不使用などがある。

## ロブの話

減量する前、わたしは他の人たちと同じように、健康的に食べるとはどういうことかを誤解していた。

わたしはチップスが大好きだ。ドリトス、プリングルズ、ラッフルズ、チェダーサワークリーム、ケープコッドポテトチップスなどである。体重がじわじわ増えていたので、チップスは健康に良くないと感じてはいたが、食べたいという欲求は抑えられなかった。そこで、食べるのをやめるのではなく、油で揚げていない焼いたポテトチップスや野菜のチップスといった代用品をあれこれ試した。けれど、どれも体重の増加を止める助けにはならなかった。

企業の広告は、システム1の脳に訴えるために、チップスの代替品を提供した。わたしは、甘い考えに誘われてたくさん食べても大丈夫、食べても太らないと信じてしまった。そう信じたかったのだ。

今でも、カロリーのないドリトスがあったらいいのにと思ったり、ときどきチップスをひと袋食べたりする。けれど、ひと袋で十分満足できるようになった。ただ、週に1回だけにしている。

こうした言葉は、たとえ専門的に正しいとしても、不誠実であり、意図的に混乱を誘う。たとえば、ほとんどのポテトチップスはそもそもグルテンフリーだ。**この言葉は、身体に良いものを食べたいという欲求に訴えはするが、マーケティングのプロが考えたもので、健康管理のプロの言葉ではない。**また、売られている食品を正しく表現していない場合も多い。それでも、法的規制を外れているわけでもない。米国食品医薬品局（FDA）は、こうした言葉の使用についてガイドラインを示している。たとえば「低コレステロール」は「通常の商品」に比べてコレステロールが25パーセント低い商品に使える。[注4] システム1の脳は考えが甘いために、それに飛びついて、たとえ25パーセント低くても、コレステロールが依然として多いことは忘れてしまう。

食品医薬品局には監視の義務があるとはいえ、当局の規制にもとづいているとされる食品や栄養価に関する表示や表現が本当にそうなのかはあやしい。トウィズラーのリコリス・キャンディの包装には「低脂肪」と記されている。そうなのかもしれないが、だからと言って身体に良いわけではない。チーズイットのクラッカーが好きなら（みんな好きだよね？）「低脂肪」と書かれているシリーズを選ぶだろう。通常のものよりナトリウムが多いことにも気づかずに。フロステッドミニウィーツのシリアルの箱にある「健康の始まり」という言葉を信じるだろうか。わたしたち著者のシステム2の脳は、いかにも疑わしいと思っている。
もちろん、たまにフロステッドミニウィーツをボウルに1杯食べたり、ペプシをコップに1杯飲んだりするのはかまわないと思う。人間には、たまにはそうした楽しみも必要だ。けれど、あくまで「たまには」だ。企業の宣伝によって、わたしたちはこうした食品をたびたび摂ってもいいように思い込まされてきたし、加工食品のほぼすべてに表示されている健康へのメリットはおそらく誇張されている。加工食品を選ぶときの目安が必要なら、これでどうだろう――**本物の果物や野菜は身体に良い。それ以外はそうでもない。**
企業は、消費者の食べ方に影響を及ぼすために、マーケティング以外の方法も用いている。2016年9月、米国医師会雑誌（JAMA）に、1960年代と1970年代の医学的所見に製糖業界がいかに影響を及ぼしたかを検証した研究が発表された。[※5]当時の研究者たちは糖質の消費による心臓病のリスクを重視せず、かわりに冠動脈性心疾患の原因はおそらく脂肪にあるとしたようだ。[※6]この研究では、糖類研究基金として知られるグループがこうした所見に影響を与えたことや、製糖業との関係が隠し通されたことが明らかにされている。[※7]また、こんにちでも同じような事例が多く見られる。たとえば、コカ・コーラ社によって設立され、2015年に解散した非営利研究グループであるグローバル・エネルギー・バランス・ネットワークは、糖分の多い飲料と肥満との関係を隠そうとした。[※8]
新しい研究や商品の箱にある表示がどうであれ、食品会社の表現は疑われるだけの理由がある。わたしたちはここで糖類や脂肪をどれだけ摂ればいいかを正確に示すつもりはないが、常識とシステム2の脳からの視点は正しい選択をするのに大いに役立つだろう。サラダや果物や野菜を摂るようにしなければ、胴回りはますます太くなる。また、糖分の多い炭酸飲料やドーナツ、脂肪分が多いベーコンスライスなどは食べる量を制限するべきだ。

## ■食品マーケティングの影響を遮断するための簡単なルール

では、こうした紛らわしい情報にどのように対処したらいいのだろうか。食品マーケティングの影響を遮断するための簡単なルールをいくつか紹介しよう。

1．外食は週1、2回に抑える。事前にネットでメニューを調べて、何を注文するかを前もって決めておくことを勧める

2．買い物をするときは買いもののリストを作り、リストにあるもの以外は買わない。また、空腹のときは買い物に行くのを避ける。次のセクションで述べるが、できれば実店舗ではなく、インターネットで買うのがいい

3．HBOナウやネットフリックスのようなコマーシャルのない配信サービスでテレビを観る

最初のふたつはわかりやすいだろう。どちらも衝動で決めるのを防ぐためだ。**けれど、どんなに自分に厳しくしても、外食をするとたいていは食べすぎになることを覚えておくといい。**すでに述べたように、レストランはわたしたちの経済感覚に訴えて、より多くを買わせるのがうまく、「あと2ドルでフライドポテトがつきます」とか「今なら前菜が半額です」などと勧める。わたしたち著者の経験から言えば、つねにメニューの誘惑を避けようとするよりは、レストランに行かないほうが簡単だ。

スーパーに行くときも、具体的に献立を考えてからのほうがいい。何を買うかを先に決めておけば、企業の戦略に惑わされにくくなる。買い物リストに新鮮な果物や野菜がたくさん書いてあれば、ジャンクフードを買って帰ろうとは思わなくなるだろう。結局のところ、買わなければ食べられない。**リストのものしか買わないというルールを作れば、ショッピングカートをジャンクフードでいっぱいにしたい衝動を抑えられる。**

3番目は少し説明がいる。どんなテレビ番組を観るかがダイエットに影響を及ぼすのだろうか。簡単なことだ。テレビで流れるコマーシャルのほとんどは、ジャンクフードの宣伝だ。ネットフリックス、HBOナウ、あるいはオンデマンドの番組を観れば、そういうコマーシャルを避けられる。実際、これがアメリカで子供の肥満の割合が近年、下がってきている理由のひとつだと考えられている。[※9] ロブの子供たちはほとんどのテレビ番組をネットフリックスで見ているので、子供をターゲットにした食品コマーシャルの集中攻撃を受けずに済んでいる。ロブの知る限りでは、子供たちはトニー・ザ・タイガーが誰だかわからない。もし、スポンサー提供のテレビ番組をいつも見ていたら、コーンフロスティをねだるようになっていただろう。

スポンサー提供のテレビ番組を全面的に禁止するのは、現実的ではなさそうだ。子供向け番組が放映される時間帯のコマーシャルの制限を求める訴えは、1990年に議会で却下された。[※10] たとえ、テレビでジャンクフードのコマーシャルを流すのが過去のものになっても、インターネット、雑誌、街の看板からジャンクフードの広告が消えることはない。それをよく理解して、できるならテレビのコマーシャルを見ないようにしよう。システム2の脳に対する絶え間ない攻撃に備えることはできるとしても、ダイエットのために食べるのをあきらめた食品をいつも目にしたいとは思わないだろうから。

マーケティングは社会に根づいている。本書だって、マーケティングのひとつの形であり、減量やダイエットに関するわたしたちの考えを読者のみなさんに売ろうとしている。さらに、マーケティングと宣伝は新商品を紹介して、経済を活性化させるという重要な役割を担っている。けれど、質素、節制、拒否を訴える声は、ペプシと5000万ドルで契約を結んだビヨンセを使った広告にかき消される。[※11] **宣伝やマーケティングに自分は騙されないと信じている人もいるかもしれないが、企業が巨額を注ぎ込むのには理由がある。**それは、効果があるからだ。何が起こっているのかによく注意し、それに抵抗しよう。

## インターネットが役に立つ

食料品店は、肥満の蔓延にひと役買っている。確かに、自分で材料を買い、料理をすれば、身体に良い、バランスのとれたものが食べられる。けれど、レストランと同じようにスーパーも商売であり、売り上げを最大限に伸ばそうとする。わたしたちが勧めに従って詳細な買いものリストを作っていても、店は懸命に衝動買いを誘い、「オレオが特売！それなら……」と思わせようとする。商品の陳列方法も、商品をより多く売るために、消費者のシステム1の脳を利用する例のひとつだ。マーケティングの第一人者であるパコ・アンダーヒルは、著書『なぜこの店で買ってしまうのか——ショッピングの科学』（早川書房）において、スーパーで買われる商品の60〜70パーセントは無計画のものだと述べている。[※12]ペンシルベニア大学ウォートン校の教授デヴィッド・R・ベルがそれに続いて行なった調査では、衝動買いの比率はもっと低いものの、スーパーでの購買においてかなりの割合を占めているとした。平均20パーセントだそうだ。[※13]また、その研究では、比較的高収入の若い世代（わたしたちふたりも太り始めた頃はそうだった）の約50パーセント近くが一般の消費者よりも衝動買いをしやすいことも明らかにされている。[※14]正確な数字がどうであれ、食料品店で予定外のものを買えば、身体に良いものを食べたいという意思が簡単に覆されることは経験からわかる。少なくてもわたしたち著者は、衝動買いをするときは、健康に良くないスナック菓子（ロブの場合はポテトチップスの詰まった袋）、クッキー、焼きたてのパン、ビール6缶パックなどを選ぶことがよくあった。とくにロブはスーパーで試食をすると、いらないものでも買ってしまった。たとえば、地元のホールフーズ・マーケットで試食させてくれる新鮮なアボカドディップに目がなく、もちろん、それと一緒にトルティーヤチップスもひと袋買った。

レジで支払いをするまでが問題をさらに悪化させる。何ドルか払えば買えるチョコレート、ガム、21オンス（約622ミリリットル）の炭酸飲料がレジの横にうまく並べてある。もちろんこれは意図的な陳列方法で、行動経済学では「選択設計」と呼ばれる。情報や商品の置き場所は、消費者の意思決定に大きな影響を与えるらしい。

レジ横にお菓子を並べるのは、販売のための効果的な戦術だ。それは直感的なシステム1の脳のふたつの特徴による。ダニエル・カーネマンによると、直感は「量に対する感応度の逓減性」を示すという。**つまり、ショッピングカートがいっぱいになると、わたしたちは会計の直前にカートに追加する商品の金額やカロリーについてあまり気にしなくなる。**食品を100ドル買ったのだから、スニッカーズのチョコレートバーが1個くらい増えてもどうということはない。

さらに、カーネマンが「認知的負荷」と呼ぶものも、悪い意思決定に深く関わっている。[※15] 1章で述べたように経済的な不安に悩まされる人は、借金をする際に誤った決断をしがちだ。同様に、節食を強いられている人は、不合理なお菓子の誘惑に負けてしまう。そもそも、ダイエットで精神的にかなり消耗しているせいもある。たいていの場合、レジに並ぶ頃には疲れて頭も回らず、空腹も感じている。支払いを済ませ、店を出て一刻でも早く家に帰りたい。そうした認知的負荷がかかるときは、目の前でこちらを見つめているスナック菓子につい手が出てしまうのも無理はない。健康に良くないスナック菓子が、わたしたちがコントロールできるシステム2の脳が機能しなくなっているであろうタイミングで現れるのだから。

考えてみると、予定外の買い物はほぼ間違いなくジャンクフードではないだろうか。無意識にケールを1束買って、翌日の昼食用のサラダを作ろうと思ったことなどあるだろうか。

**買いものリストの作り方 ——とくにネットショッピングの場合——**

・じっくり考えられるよう30分は確保する。急いではいけない

・まずは必需品から。たとえば、トマト、キュウリ、レタス、オリーブ、ニンジン、リンゴ、ヒヨコ豆、オレンジ、バナナ、サツマイモ、パン、無脂肪牛乳、魚、鶏肉、牛ひき肉、冷凍野菜、タマゴ、低糖シリアルなど毎週買うもの。標準の注文として

設定しておけば、毎回、入力する必要はない

・常備品。ストックしておくものはないか？　オリーブオイル、トマトの缶詰、全粒粉パスタなど

・ほかにこれから1週間のうちに食べるものはあるか？　考えている献立があるなら必要なものをリストに加える

・ポテトチップスやアイスクリームのセクションは見ない。「家になければ食べられない」ことを思い出そう

・配達の時間を決めて注文する

・完了

## ■ネットショッピングで間違った選択が防げる

そこで、インターネットの出番だ。食料品をネットで買えば、ジャンクフードを買うのを我慢しやすくなる。とくに衝動買いを止められる。ロブはネットで食料品が買えるのがわかった2015年の1月以降、スーパーには数えるほどしか足を踏み入れていない。それ以前は、家族のための食料品の買い物はほとんどロブがしていた。減量を始める前はしばしば食べすぎの誘惑に駆られ、予定外の、そして賢明でない買い物をすることも多かった。

食料品はネットショップのインスタカートで買うが、アマゾンフレッシュ、ピーポッド、フレッシュダイレクトなどを使うときもある。週に1、2時間節約できるようになっただけでなく、健康により良いものを買うようになった。新鮮な果物や野菜を増やし、ポテトチップスや焼きたてのバゲットやチーズの盛り合わせなどはあまり買わなくなった。買いものリストにあるものだけを買うようにしているのと、店にいるときよりもよく考えて買うようになったからだ。システム1とシステム2の思考の違いを考えれば、驚くことではない。**家の静かな環境のなかでシステム2の脳を使って集中すれば、間違った選択をすることが最小限に抑えられる。**

ロブが毎週必ず買うのは、牛乳、サンドイッチ用のパン（子供ふたり分）、リンゴ、バナナ、サラダ用のホウレンソウとレタスなど。さらに、その週の献立について妻と簡単に話し合い、必要なものを注文に追加する。すべてが計画されているため、目に入ったからといってチートスの袋やクッキーの箱を選びたくなることはまずない。

ネットショッピングの利点のひとつは、時間をかけて買いものを作れることだ。マスタードが少なくなっているのに気づいたら、来週のリストに入れる。牛乳がなくなりかけている？　リストに入れたので大丈夫。ロブはシステム1の衝動的な思考が入り込む余地がないように、たいてい何日かかけてリストを作る。店で買いものをするときのようにすぐに満足感を得られないのが、この方法のいいところだ。食品が届くのは（早くても）数時間後なので、今すぐに食べたいものをバーチャルの買いものカートに入れたいしはあまり思わない。空腹時に買いものをするのを避けることもできるし、たとえ空腹だったとしても、サムネイルの写真で見るポテトチップスの袋には、店の棚にところ狭しと並べられたのを実際に目にするときほど強くは誘惑されない。ネットショッピングは健康的な体重を保つのに必要な自制心を養う助けになる。

### やってみよう

食料品のネットショップのアカウントを作り、最初の健康的な買いもののリストを作ってみよう。

インターネットを使えない人は、紙にリストを書こう。次に買いものをするときは、リストにあるもの以外は買わないこと。

## ■自制心のある子供は大人になっても太らない

心理学の分野では、欲求を実現するのを先延ばしにできる能力について盛んに論じられ、学業成績から高収入まであらゆることに関連づけた研究が行なわれている。[※16] ボディマス指数（ＢＭＩ）の低さとも関係があるらしい。１９６０年代終わりから１９７０年代前半にかけての有名な研究では、未就学児の自制心が測定された。子供たちは今すぐマシュマロを1個もらうのと、いつでも好きなときに、あとからマシュマロを2個もらうのとどちらがいいかを選んだ。[※17] 2013年に、この同じ実験群の子供たちを調査した研究では、**自制心や満足を先延ばしする能力を持った子供たちが、大人になっても痩せていることがわかった。**最初のマシュマロを食べる時間が1分遅くなるごとに、成人になったときのBMIが0・2ポイント低かったのだ。[※18]

子供を持つ親にとってとくに興味深いのは、この研究の結果が、アメリカ人ジャーナリストのパメラ・ドラッカーマンがパリで子育てをしたときのことを著した『子供の育て方』（未邦訳）に出てくる事例と合致することだ。「待ちなさい！」と題された章は、フランスでは子供たちに忍耐を教え込むことを紹介している。その結果、フランスの子供たちは、アメリカの子供たちよりも自制心が強く、より健康的なものを食べている、とドラッカーマンは述べている。

時計の針を戻して、就学前の自分にあらゆる衝動をすぐに満たそうとするのはやめるよう教え込むことはできないが、ネットショッピングは、減量に必要な自制心を育てるのに役立つ。食料品のネットショッピングは（まだ）どこでも可能なわけではないようなので、不可能な場合は、食事の計画を立て、食料品リストに沿った買いものをするようにしよう。もちろん、多少の自制心と、おそらく練習も必要だろう。けれど、将来わたしたちに感謝するようになることは間違いない。

最後にもうひとつ。サムズ・クラブやコストコのような食料品を大量に売る会員制スーパーマーケットは避けたほうがいい。ああした店ではオムツや必需品が大幅に値引きされているので、小さい子供がいる人には残念なことかもしれないが、量の多い割安の加工食品が売られている。そうしたものは買うべきではない。確かに、パーティサイズの大袋入りポテトチップスは格安だが、実際にパーティを開くのでなければ、そんなに大量には必要ないはず。52オンス（約１４７４グラム）の容器に入ったコストコのブラウニーやピーナッツバター入りプレッツェル（ドカ食いにぴったり）などもってのほかだ。

こうしたディスカウントストアが好きな人は、わたしたちが何を言っても、会員であることをやめないだろうと思う。たとえば、クリスの妻ナディアはコストコとの熱い関係を終わりにする気などさらさらないらしい。長い1日の仕事を終え、たいていの人はテレビの前でぐうたらしていたい時間に、ナディアはお買い得品はないかとコストコの店内を歩くのを楽しんでいる。それでも、ジャンクフードは買わないという鉄則を固く守り、誘惑から逃れているようだ。５ポンド（約２・３キロ）入りのプレッツェルは魅力的だが、買うのは生鮮品や家事用品だけと決めている。

すでに述べたように、ネットショッピングが難しい、あるいは、実店舗での買いものをやめたくないなら、昔ながらのやり方で誘惑から逃れよう。買いもののリストを忠実に守り、空腹のときや疲れているときは買いものに行かない。ダイエット中に食料品店に行くのは、減量という、より大きな闘いのなかで勝たなければならない小さな闘いのひとつだ。なので、きちんと準備をしよう。それでもだめなら、繰り返し、こう唱えてみよう。「システム2の脳を使え、システム2の脳を使え、システム2の脳を使え」

## ダイエット食品や流行のダイエットにお金と時間をかけてはいけない

企業が消費者にできるだけ多く買わせようとモノやサービスを売り込むように、ダイエット産業も、わたしたちにお金を出させようとして商品を勧めてくる。減量を長続きさせるには、話がうますぎる誇大広告にも注意しなければならない。ダイエット食品を買ったり、減量プログラムに参加したりするのを検討するときは「買い手は用心せよ」という言葉を忘れてはいけない。量の多いバリューセットを注文するべきか、好きなアスリートのように大量のスポーツ飲料を飲むべきか、食料品店のレジでつい手を伸ばしてしまうチョコレートバーは本当に必要かと考えるときと同じだ。実際、食品業界でもっともうさんくさいマーケティングの手口が、ダイエット食品の販売に使われている。ダイエットの失敗率の高さはまったく無視して、そうした食品の驚くべき効果を約束しているのだ。こ

| | 朝食 | 間食1 | 昼食 | 間食2 | 夕食 |
|---|---|---|---|---|---|
| 土曜日 | ケールとスパイシーカシューリコッタチーズトルティーヤ | 果物とココナッツヨーグルト | 子牛肉のローストのサンドイッチ | ココナッツ、レモングラス、生姜を加えたルイボスティー | チキンポットローストとイングリッシュビスケット |
| 日曜日 | スパイシーな豆と豆のペーストを挟んだピタパン | アップルタルト | ブロッコリーソースをかけたチキンとサツマイモのグラタン | プラム、パイナップル、チア入りプディング | 抗酸化作用があるヤムイモの料理 |

の章の最後のセクションで伝えたいのは簡単なことだ――ダイエット食品や特別なダイエットプログラムにお金を使ってはいけない。

売り上げを最大化するために、ダイエットプログラムは競争の激しい市場で消費者の注意を引かなければならない。そのためにもっとも頻繁に使われるテクニックのひとつは、本書の提案と相反する。たとえば、わたしたちは肥満の蔓延の最大要因のひとつを、現在と比べて未来を軽視するという人間の生来の性質だと特定してきた。現在の悪い食習慣がどれほど大きな害《コスト》をもたらすかはわかっている。けれど、その場で得られる刺激からの喜びは、明日の健康問題とそれに関連して発生する費用《コスト》に対する不満よりもずっと大きい。

**この短期主義的傾向こそ、経済におけるもっ**

**とも大きな障害となる。**まったく同じことが、多くのダイエット手法にもみられる。魔法のように効く錠剤、2週間の（断食）集中プログラム、実証にもとづいて開発されたパレオダイエットやホール30などの高度なダイエット計画などさまざまだ。ホール30では、ある種類の食品を30日間食べ続けなければならない。

クリスの友人でニューヨークのファッション業界で働くジェーンは、パレオダイエットを試したことがあり、ありがたいことに1カ月のあいだに食べたものをいくつか教えてくれた。土曜日と日曜日の典型的なメニューが表に示されている。

最初にこれを見たときは「ああ、おいしそう！」と思った。週末にこうしたものを食べるくらいならいいだろう。けれど、メニューにあるトルティーヤやイングリッシュビスケットなど多くのものが、いつも食べているものとは似ても似つかないものであることがわかり、実行しようとは思えなくなった。こうした食品のパレオ風の代替品には、たくさんの材料が使われていて、なかには普通の家庭の棚にはないような変わったものもある。実はジェーンも同じように感じていたらしい。そのため、食事は、食事配達のサービスをする企業を立ち上げたパレオのシェフに用意してもらった。このダイエット法を試せたのは経済的な余裕があったからだと初めて認めたのはジェーンだった。誰かに食事を用意してもらわなければ、30日も続かなかっただろう。ここでもうひとつ、重要なことがわかる。もし、ブルーポイントのようなレシピ配信サービスを使っているなら、すぐにいつものメニューをローカロリーのものに変えるといい。

問題は、わたしたちのほとんどが食事を自分で用意しなければいけないことだ。パレオダイエット用のレシピ本は山のようにあるが、あのダイエットメニューや、食べていいものいけないもの、といった制限がたくさんある他のダイエットメニューをずっと続けられるほど自制心の強い人はどのくらいいるのだろうか。他の人に食事を用意してもらっても、原始人のようなジェーンの生活は30日しか続かなかった。

ホール30ダイエットについては、試したカップルを1組だけ知っている。このダイエット法はパレオダイエットよりもずっと厳しくて、穀類、豆類、添加された糖類、乳製品、酒類を少なくとも30日間摂ってはいけない。このカップルは23日で挫折した。ふたりとももともと痩せているほうだが、体内を浄化したくてこのダイエットを試したらしい。好きな食べものがすべて禁止されたせいで無性に食べたくなり、ダイエットから得られる益よりも、不自由さとストレスのほうが大きいと思うようになった。

## ■手っとり早い減量法はリバウンドする

長く減量を続ける唯一の方法は、小さな習慣を積み重ねることだ。決められたメニューだけしか食べられないようなダイエット法は長く続かない。ダイエット食品（ミルクシェイクでも、1カ月の食事計画でも）だけを食べ始めた瞬間から、失敗の種を蒔くことになる。わたしたち著者に言わせれば、1カ月の特別食にお金を払い、30日後に元の食生活に戻るのは、新品のゴルフセットやスキー道具を買って（2章の「道具揃って夢ならず」を参照）、結局は物置で埃をかぶらせてしまうようなものだ。

減量を成功させたいのであれば、流行りのダイエット法はすべて忘れたほうがいい。どの減量プログラムも短期間もしくは決まった期間での成功を目指し、長続きしない方法でそれまでの食習慣を変えさせようとする。パレオダイエットのように厳しい制限のある食事計画は、たいていの人には続けられないので（とくにお抱えのシェフがいない場合は）、一時の流行とみなすべきだろう。ダイエットの失敗率に関する厳しい統計結果には十分うなずける。**複数の調査を批評したある研究によると、10キロ以上減量して3年以上リバウンドしなかった人は、15パーセントしかいない。**[※19] これはダイエットを試みる人には、流行の、手っ取り早い方法を好む傾向があることを示している。

同じように問題なのは、ダイエット効果を謳う飲食品の表示だ。ダイエット、低脂肪、心臓に良い、無脂肪、砂糖不使用、低炭水化物といった表示が信用できないことはすでに説明した。ここでは、よく売れている「ダイエット食品または飲料」のいくつかを見て、こうした商品がわたしたちをいかに惑わすかを検証してみよう。端的に言えば、ダイエットと謳っているものは避けたほうがいいことがわかる。

1．人工甘味料。すばらしい革新的な食品だ。ただ、糖類の代替品は、ダイエット効果と比較しても、味が悪すぎる。もちろん、人工甘味料を作り出した論理は健全だ。後ろめたさを感じることなく甘みを味わうためにカロリーゼロで砂糖とほぼ同じ味がする製品を提供しようというものである。炭酸飲料業界にとっては、天与の解決策となった。普通のコーラは140カロリーだが、ダイエットコークはカロリーゼロだ。

**クリスの話**

少し過激なアイデアかもしれないが、紅茶やコーヒーに砂糖を入れないようにしよう。わたしは、以前は紅茶に砂糖をたくさん入れていたが、それをやめた。簡単ではなかった。1カ月か2カ月のあいだ、紅茶を一切飲まなかった。砂糖なしでは飲めなかったからだ。けれど、だんだん慣れてきて、それが普通になった。今では砂糖入りの紅茶（あるいはコーヒー）を出されてうっかり飲んでしまうと、まずくて吐き出したくなる。

砂糖を一切入れないことを強く勧める。味覚を変えて、砂糖なしの紅茶やコーヒーをおいしいと感じるようになろう。人工甘味料を使ったとしても、本物の砂糖に戻ってしまう確率が高くなるだけだ。

こうした製品は、前章で強調した「飲みものではカロリーを摂らない」という原則の解決策になると思うかもしれない。けれど、残念ながら、科学者たちの意見は異なる（責めるなら、彼らのすぐれた公式や実験を責めよ）。たとえば、2015年にサンアントニオにあるテキサス大学健康科学センターが出版したシャロン・ファウラーらの研究では、ダイエット炭酸飲料の消費と高齢者の体重増加に関連性があるとしている。[※20] ダイエット炭酸飲料が血糖値のコントロールに影響を与えて体重増加を引き起こすことを理論化している科学者や栄養学者も多い。[※21]

**つまり、人工甘味料も、インスリンを分泌させて脂肪をため込むよう身体に指令を出すという糖質とまったく同じ働きをしているのかもしれないということだ。**いずれにしろ、摂らないほうがいい。少なくとも、ダイエット炭酸飲料が減量に役立つと考えるべきではない。痩せている人が普通の炭酸飲料を飲み、太っている人がダイエット炭酸飲料を飲んでいるのをよく見るので、ダイエット炭酸飲料は減量の助けになっていないのだろう。ホワイトチョコレートモカのラージサイズを（砂糖なしの）アメリカーノに替えるほうがよっぽど効果的だ。理想的にはどんな炭酸飲料も飲まないほうがいいが、誘惑に勝てずに飲むなら、普通の炭酸飲料でもダイエット炭酸飲料でもどちらを飲んでもいい。

2．ライトビール。これはビール好きの著者ふたりにとっても大きな問題だ。この製品についても、人工甘味料について言ったことすべてが当てはまる。ライトビールが普通のビールより低カロリーなのは、砂糖のかわりに人工甘味料を使っているからで、驚くことではない。それでも、人工甘味料産業の一部とも言えるこの業界について考えてみるのは無駄ではないだろう。ライトビールのマーケティングは、アメリカではとくに大きな成功を収めているからだ。まずは標準的なクラフト・ペールエール（クリスのお気に入り）を例に、事実を確認しよう。ライトビール1缶は約100カロリーで、ペールエールのおよそ半分だ。また、アルコール度数も低い。ライトビールはアルコール度数平均4パーセント。ペールエールは6パーセントだ。

酒好きの見方ではあるが、人は酔いを感じるまで飲み続けたいもの。アルコール度数から算出すると、ペールエールを3パイント（約1・4リットル）飲んで酔う人は、ライトビールを飲んで同じくらいの酔いを感じるためには、さらに1・5パイント（約0・7リットル）飲まなければならない。このとき、ペールエールのカロリーは600、ライトビールは450になる。どちらも高カロリーには違いないし、150カロリーの差は無視できない。けれど、毎晩、こんなに飲むのでなければ（そうであることを望む）、たいした違いではない。わたしたちはビールにうるさいので、ライトビールの味（あるいは味のなさと言うべきか）を考えると、切り替える価値はないように思う。

だが、この理論は現実的ではないかもしれない。アルコール度数が低いせいで、ライトビールを飲む量を増やす人はいないかもしれないからだ。そこで、ライトビールの人も、ペールエールの人も、3パイントで飲むのをやめると考える。その場合、ペールエールのカロリーはライトビールの2倍になる（ペールエール600カロリー対ライトビール300カロリー）。となると、ライトビールに替える価値はあるように思える。もちろん、先ほど紹介した、人工甘味料に疑問を呈する研究結果を思い出す必要はあるが、大事なのは、ほんのたまに3パイントのビールを飲む機会に、わざわざおいしくないものは飲みたくないということだ。ハッピーアワーに友人と飲みに行くときに、体重は気になるがライトビールを飲みたくないのなら、ビールはやめて、ウォッカをクラブソーダで割ったものや、クラブソーダだけを飲んだほうがいいだろう。

ビールを飲むこと（1パイントでやめずに遅くまで飲んだ場合）と翌朝の体重との関係は、体重計を使ったわたしたちの実験で明らかになっている。ビールとつまみのあとにハンバーガーかピザを食べれば、数キロ増える。ただし、ビールを何杯か飲んでも、身体に良くないものを一緒に食べないようにすれば、翌朝の体重計の数字に及ぼす影響はそれほど大きくならない（もちろん、それを習慣にするように勧めているのではない）。夜に3パイント飲むことは、健康面では害があるかもしれないが、体重管理の面ではたいした問題ではない。

3．低脂肪ヨーグルト（あるいは低脂肪と謳っているもの）。これはマーケティングがどのように思考を混乱させるかを示す典型的な例だ。たとえば、クリスは乳製品の脂肪の含有量と日々の体重とは密接な関係があることにずっと以前から気づいていた。クリームは体重増に直結する。だが、ヨーグルトの場合、パッケージからは判断できない。たとえば、普通サイズのストロベリー味のヨーグルトの場合、脂肪分の多いものはたいてい無脂肪のものと比べて、1・5倍程度カロリーが高い。つまり150対100なので、確かに差がある。けれど、体重計の数字に表れるような差ではない。どちらにもたくさんの砂糖が使われている。理想的には、つねにプレーンヨーグルトを選ぶのがいい（低カロリーのヨーグルトは人工甘味料を使っているので、すでに述べたように、効果はないかもしれない。また、低カロリーのヨーグルトはおいしくない）。

重要なのは、どれだけカロリーを摂取するかだ。低脂肪であっても、全乳であっても（驚いたことに全乳のヨーグルトはなかなか見つからない）満足するまで食べてはいけない。体重を減らしたいなら、カロリー摂取を抑える必要がある。なので、ヨーグルトは全乳のものを買ってもいい。ラテやカプチーノをアメリカーノに替えるよう勧めている一方でおかしなことだと思うかもしれないが、カロリーの総量が問題なのだ。わたしたち著者のようにコーヒーが大好きな人が1日3杯のコーヒーを飲むとする。ラテ3杯のカロリーは昼食1回分と同じになる。だから、カロリーの低いコーヒーに替えなければならない。

けれど、ヨーグルトはこれとは違う。わたしたちふたりとも、ヨーグルトは多くても週に2、3回食べる程度なので、低脂肪のものに変えたところで大きな差はない。仮に全乳のヨーグルトを毎日食べたとしても、1週間を通したカロリーは、低脂肪のものと比べて350カロリー程度増えるだけだろう。

4．ベジスティック。ベジスティックは、後ろめたさを感じずにカロリーゼロのドリトスを食べたいというロブの夢を念頭に考え出されたのかもしれない。ベジスティックとは基本的にはポテトチップスと同じで、主原料となるでんぷん質がジャガイモ以外の野菜から採取されている。すばらしい発想だ。ジャガイモから作るポテトチップスが肥満の原因になるなら、別のものから作ればいい。けれど、データで示されている通り、ベジスティックの栄養価は通常のポテトチップスとそれほど変わらない。[※22] ポテトチップスに比べればベジスティックのほうがましだが、ベジスティック自体が身体に良いということではない。消費者は、ここでもシステム1の脳の弱みにつけこまれている。ベジスティックは普通のポテトチップスよりも脂肪が30パーセント少ないが、注意してほしい。30パーセント少なくても、脂肪は多い。企業が示す大きな数字に惑わされてはいけない。

**無視できない空腹をすばやく抑える簡単な方法**

どんなものが食べたいかに応じて次のものを試してみよう。

甘いもの――リンゴまたはミカン
塩気のあるもの――アーモンドを軽く手のひら1杯
歯ごたえのあるもの――ニンジンやキュウリのスティック

これなら空腹のシグナルを止め、クッキーやポテトチップスをむさぼりたいという衝動を抑える（少なくとも和らげる）ことができる。

ベジスティックについては、本当の野菜スティックを食べるか、どうせ健康に良くないものを食べるなら、好きなポテトチップスを食べるほうがいいだろう。結局、問題になるのはジャガイモではなく、カロリーなのだ。いずれにしても、ポテトチップスの類いはよく考えて食べなければいけない。たまに食べるならいいだろう。けれど、間食としていつも食べるようになれば、体重計の数字に影響を及ぼす。チップス類が大好物のロブは、体重を量ることによってそれを知った。そして本書が提唱するダイエットを始めてからは、チップス類を食べる回数を大幅に減らせるようになった。以前は毎日、間食として食べていたが、今は、普通の大きさの袋に入ったものを金曜の夜に家族で映画を観ながら、あるいはメキシコ料理のレストランで家族とごちそうを食べるとき（今は月に1、2回）だけ、といったようなルールを決めている。わたしたちが調べたところ、痩せている人がチップスの消費を制限していることは明らかだ。

論より証拠とはよく言ったものだ。金持ちだとか有名人だとかは関係なく、痩せている人は、奇妙で魔法のようなダイエットのテクニックを使っているわけでもなく、流行りのダイエットを次々と追いかけているわけでもなく、ダイエットと表示がある食品をショッピングカートに山積みにしているわけでもない。彼らは、たまに特別なおやつを食べたり、ごちそうを食べたりはするものの、いつもほどほどに食べ、ダイエットフードの仮面を被ったにせものやスナック菓子で無駄なカロリーは摂らない。

ジャンクフードの市場に向けた厳しい目（システム2の思考）を、ダイエット産業にも向けなければならない。短期間で「痩せる」という夢のミルクシェイクだろうと、1カ月間、原始人のようなものを食べるプログラムだろうと、甘いものへの欲求を満たすためのダイエット表示がある代用品だろうと、短期間を売りにする製品、あるいはマーケティングは、ダイエットを支える柱にはならない。

## この章で提案した最善の行動

### ▼重要な小さな習慣

・流行のダイエット法やダイエット食品に無駄なお金を使わない

### ▼さらなる小さな習慣

・アップセリングにのらない
・できるだけ小さなサイズを注文する
・食品の宣伝、とくに「ライト」という言葉に騙されない
・可能であれば、食料品はネットショップで買う。または買い物リストを作って、店で衝動買いをするのを抑える
・大量安売りのスーパーは避ける
・コーヒーや紅茶には砂糖や人工甘味料を入れない

# 5章

# 均衡

## ——変化は人生のスパイスだが、肥満の原因にもなる

The Economists' Diet

Chapter 5

## ダイエットに役立つ「均衡」という概念

エコノミストはよく均衡という言葉を使う。この言葉を使うのが好きなのだ。それは会員証や秘密の握手のようなもので、「話はちゃんとわかっている。わたしを仲間だと思っていいよ」と伝えている。

ところが、さりげなく使われつつも、均衡という言葉は厄介な概念で、さまざまな状況でさまざまなことを意味する。本章ではふたつの意味で使う。**ひとつは、個人が満足度を最大化できる状態である均衡、もうひとつは、経済の基本的な状態である均衡だ。**たとえば、均衡失業率は5パーセントか、10パーセントか、というように使う。それぞれ定義は異なるが、どちらも天秤が釣り合うようなバランスのとれた状態を言う。

均衡の概念は、ふたつの意味でダイエットに大きく役立つ。第一に、消費者がどのように意思決定をするかという説明において、わたしたちの食事があまりに多様であることが問題になるという本章の主張を裏づける。第二に、なぜ体重を減らすことが難しいかの説明になる。また、均衡の知識を用いて、運動を奨励はするものの、減量は運動に頼るべきではないことを説明する。

## 収穫逓減の法則

経済学では、一般的に、消費者は楽しみを与えてくれるものにお金を払い続けるが、楽しみが得られなくなれば払うのをやめるとされている。また、行動経済学では、消費者がつねに合理的に行動するわけではないと考えられている。そして、最大化、最適化、効用（「満足」を意味する経済学上の用語）、均衡という概念は、この章で論じる重要な行動習慣の効果的な説明となる。つまり、食べるものはなぜ多様でないほうがいいのか、言いかえれば、なぜダイエットには同じものを繰り返し食べるのがいいのか、ということだ。これを説明するために、経済学の基礎と消費者の意思決定の基本原理をもう1度考えてみよう。

現代の消費者理論は、1870年代に提唱され、のちに「限界革命」（きわめて魅力的な革命だ）として知られるようになった。それ以前は、競争市場で売られるモノの価値は、事業主が得る利益を含む生産費用《コスト》を反映したものだと考えられていた。かのアダム・スミスは、『国富論』で水とダイヤモンドのパラドックスとして知られる問題を解くためにこの論理を用いた。実際、水のほうがダイヤモンドよりもずっと役に立つ。だから、直感的には水のほうが価値が高いはずなのに、ダイヤモンドは市場で高く取り引きされている。その理由を、アダム・スミスは、ダイヤモンドは発掘して市場に出すまでに大変な労力が要求されるからだと説明した。水はアダム・スミスの時代には、空から降って来て何の手数《てかず》もかからない。よって、市場では価値を持たない、と。

1870年代の革命的思想家たちは、この説明に満足しなかった。読者のみなさんも満足しないだろう。水は、状況に応じて大きく異なる価格で売られている。金髪の乙女によってアルプスの湧き水から集められ、こじゃれたレストランが1本15ドルで提供するミネラルウォーターの話ではない。暑い夏の日には、他に選択の余地がなければ、家ではほぼ同じものが無料で飲めることも考えずにダサニ（訳注：コカ・コーラ社のペットボトル入り飲料水のブランド。中身は水道水）のボトルを2ドルか3ドル払って買うだろうということだ。それどころか、3ドルでも安いと思える状況もあるかもしれない。砂漠を横断中に脱水症状を起こして死にかけているときは、生き延びるために十分な水を確保できるなら、全財産を差し出すだろう。**つまり、モノの価格は、それに注ぎ込まれた労働の対価ではなく、得られる効用つまり限界的な効用に関係している。**

クリス（あるいは誰でも）にとって、生涯水を飲むことによる満足度の総計、すなわち効用は無限大だ。水がなければ、そもそもクリスは存在しない。けれど、今は砂漠をさまよっていないので、この前、最後に飲んだ水の効用はかなり小さかった。オフィスで長い

1日を過ごしたあと、お気に入りの心地良い長椅子に座り、コップ1杯の水かクエイバーズ（めったに手に入らないイギリスのチーズ味のチップス）ひと袋のどちらがほしいかと訊かれたら、まちがいなくクエイバーズを選ぶ。水分は足りているので、たとえ水が多くの手をかけて作られ、十分に冷やしてあったとしても、クエイバーズのほうがより大きな満足感を与えてくれるために、価値がより大きくなる。

限界効用の概念を最初に用いた経済学の革命家、カール・メンガーの著書『国民経済学原理』（1871年）を用いて説明すると、一般的には、クリスにとって、水の必要性を満たすことのほうが、クエイバーズの必要性を満たすことよりずっと重要である。けれど、水の必要性はすでに満たされているので、クエイバーズを食べることが、追加の水を飲むのと同じくらい重要になる。よってクリスは、ここからは水を飲む必要性を満たすことと、クエイバーズを食べる必要性を満たすことの均衡を図ろうとする。[※1] 言いかえれば、クエイバーズに対する食欲が満たされるまでは、水を選ばない。**要するに、水を飲むこととクエイバーズを食べることの幸福度が釣り合うような割合で水を飲み、クエイバーズを食べようとする。**

おそらく、水とクエイバーズの両方の必要性を満たしたあとは、3つ目のものを、水とクエイバーズから得た満足度の水準に達するまで食べることになるだろう。もし、クリスに食べられるものが10品目あるとし、それぞれを最後の1単位で満足感を得るまで食べるとすれば、それぞれの品目の限界効用は等しいことになる。
もちろん、現実の世界では個人の好みは千差万別だし、無数のモノやサービスが存在し、製品の供給状態はそれぞれ異なる。経済学では、消費者がそれぞれの製品に対して投じた最後の1単位の資金から同じ効用が得られるようにさまざまな製品に対して払う費用を分配するときに均衡が起こり、それによって総効用が最大化されると考えられている。※2
また、こんにちの洗練された経済モデルも、消費者が現在の均衡を最適化するだけでなく、何十年にもわたる均衡を図りながら長期にわたる資金の配分を最適化しようとすることを前提にしている。けれど、それが真実ではないことは、読者のみなさんにもわかっているだろう。すでに述べたように、食べすぎの問題の半分は、流行の短期間ダイエットを好むのと同じように、将来の経験に相応の価値を見出せないせいだ。もし、将来にわたって支払う費用を最適化したいなら、10年後、20年後、30年後の健康に満足するために、今日チーズバーガーやフライドポテトを食べて満足することはあきらめようという気になる。
だが、さしあたり、現在における意思決定に焦点を当てて、水とクエイバーズに対するクリスのジレンマについてもう少し考えてみよう。限界効用と消費者均衡の理論は大事な概念がもとになっていることに気づいているだろうか。**それは、ひとつのものを食べれば食べるほどそれを楽しめなくなるということだ。**同様に、クリスはクエイバーズが大好きだが、それでも1度に3袋、4袋と食べれば飽きる。砂漠を徒歩で横断したのなら、水を

## クエイバーズ 対 水

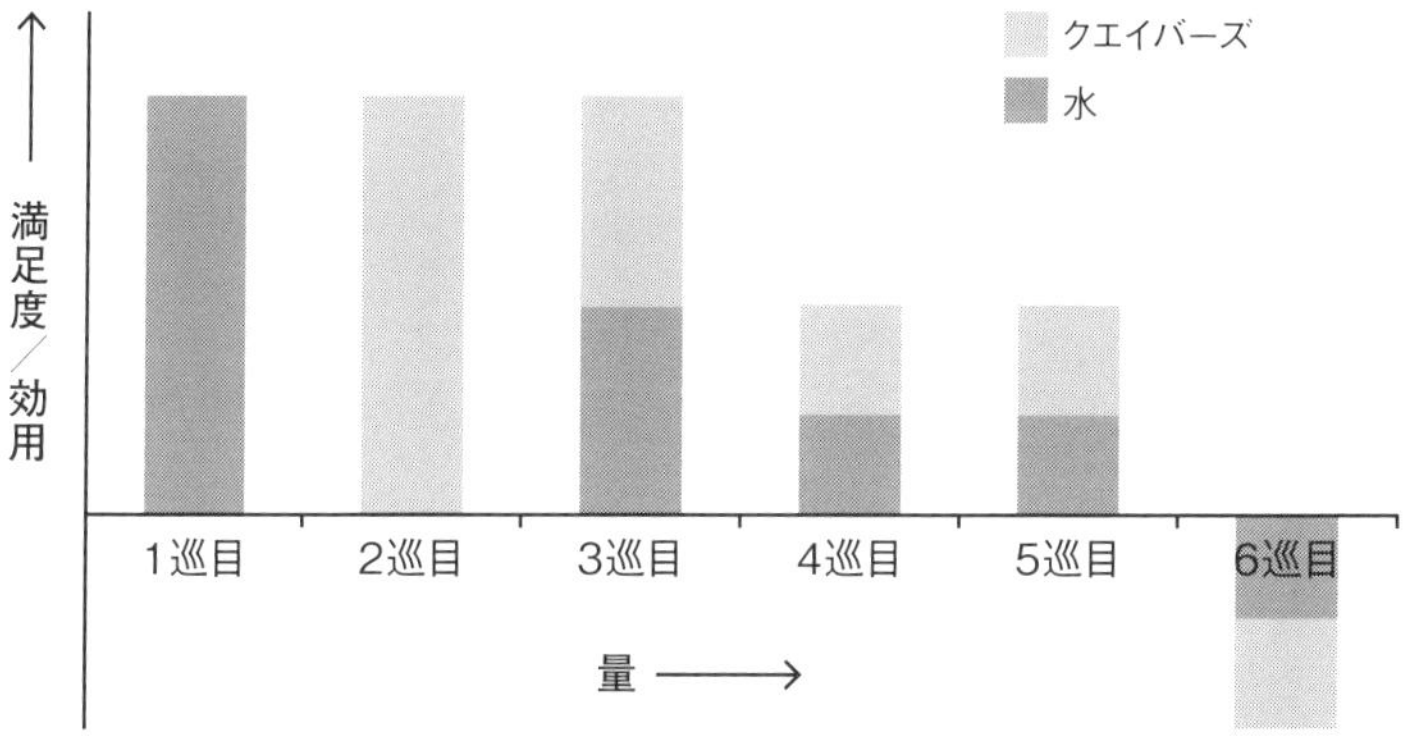


### 水とクエイバーズに関するクリスの思考実験

仕事から家に戻ると、クリスはまず喉の渇きを癒やすものを口にしたいと考える。それから大きな満足感を得る。次にクエイバーズに注意が向き、今飲んだばかりの水と同じように、最初のひと袋を楽しむ。その後は水から得る満足度と釣り合うように、追加のクエイバーズを食べる。つまり、クリスは均衡の状態にある。けれど、収穫逓減の法則に従い、おいしいものでも食べすぎると飽きてくる。5巡目になる頃には、さらに食べるか食べないかについて悩むようになる。クエイバーズも、水も、もはや満足感をもたらさない。6巡目になると、はっきりとわかる。水とクエイバーズがほとほと嫌になり、帰宅後の楽しみから得た総満足度が実際には低下してしまった。

コップに何杯かごくごく飲んで喉の渇きを癒やすと大きな満足感を得るが、水を十分に摂ったあとは、さらに飲みたいという気持ちはどんどん弱くなる。

**要するに、何かを食べれば食べるほど、次の1単位から得られる満足度（限界効用）は小さくなる。これは収穫逓減の法則として知られ、経済学の基礎を成す。**この法則がなければ、嗜好の変化はあるにしても、量が増えると価格が下がることの説明はできないだろう。経済学用語を使って言えば、各製品の需要曲線は右肩下がりになるので、買い手はひとつ同じものを買い足すごとに、払う代金が下がることを期待する。収穫逓減の法則と右肩下がりの需要曲線は、豊かさに関するわたしたち著者の主張、とりわけ食品加工の革命によってもたらされた食料の供給増が低価格を導いたという主張の根拠となっている。

けれど、収穫逓減の法則は、何かをさらに1単位食べても、満足度がそれ以上高くならないときが来ることを示してもいる。たとえば、クリスがクエイバーズをドカ食いして、これ以上食べれば限界効用がマイナスになるという時点だ。そうなれば、追加のクエイバーズを食べることは不快な経験となり、それまでに得られた満足度の総計を減らすことになる。何かを十分に食べたり、何かやっていることに飽きたりすると、それを遠ざけたくなるときが来ることは直感的に誰もが知っている。それが、限界効用がゼロに達した時点だ。

わたしたちが、あまりいろいろなものを食べないほうがいいと主張する理由はここにある。**もしクリスが、クエイバーズと水だけで生きていかなければならないとしたら、太ることはなかっただろう。**たとえクエイバーズが炭水化物を主原料とする油で揚げたスナック菓子であっても、収穫逓減の法則によって、それほどたくさんは食べられない。これ以上食べれば限界効用がゼロになるか、マイナスになるかというときが来れば、クリスも食べるのをやめる。変化がないために節制を強いられ、その結果、体重が増えない。3章で紹介した学校教師のジョン・シスナのように、マクドナルドや他のファストフードだけを半年または1年間食べたにもかかわらず体重が減ったという話がニュースになっているが、原因はおそらくこういうことだろう(クリスは水とクエイバーズだけのダイエットをやるつもりはない)。

ただし、食べるものの種類を制限すれば体重が増えないということではない。たとえば、より貧しい人々は、お金がないために安価な炭水化物や揚げものを食事の中心としているので、肥満とそれに関連する病気に陥る率が高い。一方、わたしたち著者は、金銭的には割と恵まれている。わたしたちにとっては、多様な食べものへの欲求とそれを満たしてきたことが、体重を増やす大きな要因となった。そのため、変化をなくし、食べるという楽しみを小さくするという矯正手段が必要だった。端的に言えば、焼いた肉か魚、それにサラダを1週間に数回食べる。

**冷蔵庫が空っぽだ。買い物に行くこともできない。デリバリーを頼むとしたら、何を頼む？**

・エビと野菜の中華料理
・おいしいカレー。タレは軽いもので、ジャルフレージーかタンドリーなど。ライスやナンはなし
・タイ風サラダ
・トムヤムクンスープ
・酸辣湯
・ベトナム風生春巻き
・ベトナムフォー

週に1度はこうしたごちそうを食べてもいい。翌日はミニ断食をする（6章参照）。

**デリバリーを頼まなくてすむようにするには家に何を置いておけばよいか？**

・大量のサラダ用材料。ネットショッピングのリストに入れておく

・卵。かた茹で卵はサラダにタンパク質を加える。卵2個を使ったオムレツは作るのが簡単だし、夕食にもなる
・豆類。インゲン豆、白インゲン豆、黒豆、ヒヨコ豆は多くの簡単な料理やディップの基本となるので、お気に入りのピザを電話で注文しなくてすむようになる。ネットには、たとえば、ベジタリアンのためのメキシコ風料理やサラダのレシピがたくさんある。foodnetwork.com や allrecipes.com といったサイトを見てもいいし、Pinterest のようにさまざまなブログからアイデアを集めたアプリを使ってもいい
・トマトの缶詰。生や冷凍のエンドウ豆、トウモロコシ、塩、コショウ、シノモン（好みで）があれば、おいしいソースが作れる。ひと握りの貝殻型パスタを加えれば、すばらしいディナーのでき上がり

さらなるレシピも、のちに紹介する

わたしたち著者が育った時代は、選択肢が比較的限られていた。たとえば、1970年代、1980年代にイギリスで育ったクリスと彼の家族にとって、外食とは中華料理かインド料理のレストランに行くことだった。こんにちではタイ料理、日本料理、韓国料理、マレーシア料理、その他の東アジア料理の店があちこちにあり、選択肢は実質的に限りが

なく、わたしたちを刺激し続ける。レストランに入ってからも、いろいろな選択がある。どのレストランにも豊富なメニューが用意されているため、お気に入りのレストランに毎晩通っても、限界効用を減じることなく食事ができそうだ。ロブと彼の妻がボストンやワシントンD.C.で、さまざまな店を訪れてはおいしい料理を楽しんだことを覚えているだろうか。そうした変化を楽しんだことが、体重増に直結した。食事にそれほど選択肢がない環境なら、そこまで太ることもなかっただろう。選択肢の多さは生活のスパイスになるかもしれないが、肥満の原因にもなる。**食べすぎをやめる方法のひとつは、食べるものをあまり変えないことだ。**外食を減らすのがその一歩になる。4章では、レストランが客により多く食べさせようとするために使う策略を明らかにした。6章では、外食についてもう少し述べてみたい。

同じことが家庭の食事にも言える。食事をあまり変化のないものにすると、減量の目的を達成するのに役立つ。次のセクションでは、ペイン家とバーネット家の食事の例を紹介する。献立が少し退屈のように思えるかもしれないが、それがカギだ。もしかすると、読者のみなさんはすでに、本書が単調さを重んじていることに気づいているかもしれない。たとえば、2章では、サラダ、鶏がらのスープ、リンゴが何度も出てきたし、クリスは補足として毎日同じシリアルを食べることを勧めた。また、あまった料理を再利用することも勧める。同じものを食べることに飽きるかもしれないが、新たに食事を作らないので時間が節約できる。原則として、同じものを食べるようにすれば、自由な時間が増えることになる。飲みものに関しては、3章のカロリー表で示したように、毎日毎日、余分なものを入れないコーヒー(たとえば砂糖を入れないアメリカーノ)をテイクアウトするといい。キッチンで創造性のなさを嘆くより、準備が簡単で、健康的で、願わくばおいしい、変化のないディナーの「退屈さ」を楽しんでほしい。

## 家でもっと食事を作ろう。けれど、何を作る?

読者のみなさんはどうだかわからないが、わたしたち著者はキッチンでは少し不安な気持ちになることが多い。巷には有名なシェフがたくさんいて、新しいおいしそうな料理をテレビで披露する。また、一般の人々も料理のコンテスト番組に出て、料理の独創性(あるいは独創性のなさ)を評価される(司会者がゴードン・ラムゼイなら怒鳴られることもあるかもしれない)。3つ星レストランのシェフになりたい人はそう多くないと思うが、メッセージは明らかだ。つまり、正しい食事をしたければ、さまざまな料理を、できれば自分自身で作らなければいけない。そうしたプレッシャーのもとでは、やってみる前からあきらめてしまい、ポットにお湯を沸かす前にデリバリーを頼んでしまうのも当然かもしれない。

集団的な行きすぎは、失敗の悪循環を招く。「トップ・シェフ」や「裸足の伯爵夫人」といった料理番組を観るのは確かに楽しいけれど、誰もがその番組に登場する人たちのようになる必要はないし、なれるはずもない。すばらしい料理を作る欲求や才能を持って生まれるのはほんの一部の人だけで、それを職業にする人はもっと少ない。わたしたちのほとんどは簡単な料理のテクニックを覚え、なんとか生きていけるように食べられれば十分だ。もしこの事実を受け入れ、手がかからず、変化の少ない食事を楽しめるなら、健康（と健全な思考）を保ち続けられるだろう。

けれども、減量を進めるには、家で料理をすることが必要になる。その理由として、クリスの上司だったチャールズの話をしよう。チャールズは2週間、キャベツのスープ以外を口にせず、劇的に体重を減らした。ところが、あっという間にリバウンドしてしまった。チャールズの劇的な減量もリバウンドも驚くにはあたらない。体重が減ったのは、おそらく収穫逓減の法則によるものだ。チャールズはキャベツのスープを飲むのに飽きてしまい、いっそ何も食べないほうがいいと思ったのだろう。けれど、食べすぎをやめる方法を学んでいなかったので、すぐにリバウンドした。新しい食習慣を身につけなかったし、根本的な問題に取り組むための、満足感を得られる食事の作り方も学ばなかったからだ。キャベツのスープだけを飲むような苛酷なダイエットが長続きしないのは当たり前だ。こうした一時的な減量法は失敗で終わることになっている。

このように家で料理をすることを主張するものの、わたしたち著者はあまり料理が上手ではないので、レシピを紹介するのは少し不安だが、本書は独創的なレシピを多数紹介するダイエット本ではない。それでも、何を食べるかという目安があれば便利だと思うので、それを提供したい。わたしたちがどうやってこれほど体重を減らすことができたのかを知りたがる友人や同僚たちから「何を食べていたの?」とよく訊かれる。ロブの医者でさえ知りたがる。残念ながら、「少なめに食べた」という答えでは納得できないらしい。せっかくの機会なので、わたしたちの食習慣についても少し紹介しよう。とはいっても、きわめて普通のことばかりである。ボナペティ!

## ロブが食べているもの

減量のための食事については大雑把なルールを決めている。サラダ、あるいは野菜の豊富な食事だ。毎朝、体重計に乗って、果物と野菜なら量を気にせずに食べられることがわかった。**つまり、サラダやリンゴであれば、好きなだけ食べても、体重は増えない**。他にも生野菜や果物なら同じことが言える。ただし、他のものはそうはいかない。ドレッシングを含めて、サラダに加えるものはいくら食べてもいいというわけではなく、たいがいは脂肪分や糖分を多く含むため、サラダを不健康な食事に変えてしまう。

**やってみよう**

どこへ行くにも、(少なくともオフィスに) リンゴを1個持っていくようにする。そうすれば、お腹が空いても大丈夫。

もちろん、朝からサラダを食べなくてもいい (食べたければ食べてもいい)。そのかわりとなる健康的な、体重を維持するための朝食も紹介しよう。わたしはダイエットを始める前はたっぷりと朝食を摂っていた。クリームチーズのベーグルとソーセージ、砂糖をまぶしてあるシリアルを大きなボウル1杯、ハムとチーズをはさんだクロワッサン、肉汁《グレービーソース》をかけた小型パン (ビスケット)、お腹が膨れるブリートなどだ。どれも全乳ラテを一緒に飲んだり、ハッシュドポテトをつけ合わせたりした。朝9時前には1日の推奨カロリーの半分を摂取したうえ、昼食の時間にはもう空腹だった。

現在は、多少の変化はあるものの、次のようなシンプルで、やや退屈なものだけを食べている。

・スクランブルエッグ卵2個分とケリーゴールド・アイリッシュバターを塗った全粒粉パンのトースト1枚

・トースト1枚とリンゴ1個
・ベーコン2枚とバナナスムージー1杯（娘のラモーナが2歳のときムージーと呼んでいた）
・バナナやブルーベリーなどのフルーツが入ったヨーグルト少量
・少量のグラノーラシリアルと全乳をコップ1杯

## スムージーを作ろう

スムージーは万人向きではないが、夜に外食をするとわかっているときに、それ以前の食事を抜いたり、断食したりするかわりになる。重要なのは自家製にすること。新鮮な果物と野菜を使い、砂糖は加えない。ミキサーが必要になる。

朝食用には、ホウレンソウ1カップ、冷凍ブルーベリー1カップ、プレーンヨーグルト大さじ2、牛乳1カップ。

昼食用には、ホウレンソウ1カップ、バナナ1本、ココナッツウォーター1カップ。皮をむいたオレンジ1個、プレーンヨーグルト大さじ3杯、牛乳1カップなどもいい。

市販のものは避ける。ロブは飛行機の出発時刻を待っているとき、健康的な選択肢だと考えて、空港のレストランでスムージーを注文した。ところが、従業員はピンク色の液体と氷を入れてミキサーを回した。中身を調べるチャンスはなかったが、飲んでみて砂糖と保存料がたっぷり入っていることがわかった。味も良くなかった。新鮮な材料から作られたスムージーがないなら、サラダを選択するといい。

昼食も変わった。本書で提唱するダイエットを始める前は、昼食といえば、サンドイッチとポテトチップス、ハンバーガーとフライドポテト、ブリートとトルティーヤチップス、パスタ、ピザ、インド料理のビュッフェのカレーだった。今でもこういった食事はするが、ときおりにすぎない。今は次のような昼食が標準になっている。

・果物の入ったサラダ
・サンドイッチ半分とスープかクスクスをボウル1杯
・ニンジンが入ったパスタサラダ
・チキンナゲット（油で揚げていない焼いたもの）にコールスローサラダ（フライドポテトはつけない）
・前日の夕食の残りもの

夜は外でしっかり食べることがわかっている日には、昼食にスムージーを用意する。お気に入りの昼食用スムージーは、ホウレンソウ、ココナッツウォーター、冷凍ブルーベリーを同量で混ぜたもの。午後いっぱいお腹が持つし、カロリーも比較的少ないうえにおいしい。

## やってみよう

昼食を注文するときに勧められる無料のパンやチップスやクッキーを断ろう。

一般的には外食するよりも弁当を持っていくのがいいが、それが難しい人もいるだろう。わたしもなかなか実行できない。自分がその日の昼食に何を食べるかよりも、子供たちに弁当を作って送り出すことにかかりっきりになるからだ。そのため外食するときは、サラダや新鮮な材料を使った料理に力を入れている店を探すことにしている。

サラダを注文するときは、いつでも小さなサイズを選ぶ（アップセリングに乗らない、ということを思い出してほしい）。空腹が満たされれば良いだけなのがわかったからだ。だいたいはカロリー表示を参考にして決める。プレーンのシーザーサラダがカロリーが一番少ないことが多い（ケールを追加することもある。ケールは一般的に使われるロメインレタスよりも栄養価が高いため）。ワシントンD.C.でいち押しのサラダの店コプトでは、ケール・シーザーサラダをもっとも気に入っている。ドレッシングをかけても290

カロリー。一方、メキシカン・シーザーサラダはドレッシングをかけて410カロリーだ。クルトンがのっている場合は、パンの追加は辞退する。いつもは肉が入っていないサラダを注文するが、週に1度くらいは肉が入ったサラダにする。メニューにあるサラダを選ぶときは、500カロリーを超えるものは避ける。注文するときは、つねにカロリーを意識している。

夕食はわたしの弱点だ。わたしにとって1日の最大の食事だった。しかも、すでに朝昼としっかりした食事を摂ったうえでのことだ。太っていた頃は、夕食は変化に富んでいたし、外食をしたり、デリバリーを頼んだりすることも多かった。また、友人や家族と一緒だったので、社交の機会でもあった。週に3度から5度、ときにはそれ以上、外食するのが習慣になってしまったこともある。いろいろなものを食べた。お気に入りはピザとインド料理。大きなステーキ、ハンバーガー、メキシコ料理、中華料理なども食べた。とくに夕食では、食べたいものを我慢することはほとんどなかった。レストランで、サラダかフライドポテトを選べるときは、いつもフライドポテトを選んだ。

今でもときおり外食をする（多くて週に2度）ものの、食事はできるだけ家で作るようにしている。家なら材料を管理できるので、より健康的なものになる。

家庭で作る夕食はさまざまな国の料理の影響を受けているけれど、献立は限られていて、材料を焼くか茹でるものが多い。肉か魚をひと晩おきに食べている。家族がとくに好きなのは次のような料理だ。

・缶詰などを使わない黒豆のスープ
・魚のタコス
・オリーブオイルを使った、ホウレンソウと黒オリーブの実が入ったリゾット
・チンゲン菜かホウレンソウの炒めごはん
・スロークッカーで調理した豚肉のバーベキューソース煮
・米か他の穀物を詰めて焼いたチキン
・焼いたポルトベロマッシュルーム
・牛肉のブルゴーニュ風煮込み

この献立を見て気後れするかもしれないが（ジュリア・チャイルドは牛肉のブルゴーニュ風煮込みで有名になったはず）、妻やわたしにも作れるのだから大丈夫。インターネットにはこうした料理の、より簡単なレシピがある。家で食事をするときのほうが食べる量を抑えられる。けれど、どこで食べるにしても、自分自身を管理して、食べすぎる衝動を抑えなければならない。わたしにとっては、レストランより家で食事をするほうが簡単だった。

## クリスは何を食べているか

手短に言えば、もちろん、たくさんのサラダを食べている。けれど、焼いた肉もたくさん食べる。そこに関心を持つ人も多い。ぼくは肉が好きだし、肉を食べない日はほとんどない。牛肉、鶏肉、豚肉、ターキー、羊の肉（妻が嫌いなので、羊の肉はあまり食べられない）などだ。何年ものあいだ、毎日体重を量ってきた結果、ある肉が他の肉よりも太るということはないのがわかっているし、体重をうまく管理しながら、肉を食べている。けれど、体重計を使った実験で学んだことがふたつある。ひとつは肉の調理の仕方、もうひとつは1度の食事で食べる肉の量だ。

調理はシンプルにすることをモットーに、鶏の胸肉、ポークチョップ、ステーキなど、できるだけ簡単に調理できるものを食べている（鶏の胸肉の調理法を紹介する）。肉料理の問題はクリーム、砂糖、その他の太りそうな材料で作ったおいしいソースがかかっていること。2度、ときには3度とおかわりしたくなるのは、ソースのおいしさのせいだ。だからこそ肉はグリルで焼く。そうすれば、高カロリーのソースなしでもおいしく食べられる。もちろん、あぶったり、オーブンで焼いたりしてもいい（注意　油で揚げない）。グリルした手のひらサイズの肉とサラダなら、翌朝、体重計に乗ったときにうれしい結果を得られる。

## クリスの話

妻のナディアの話もしておこう。彼女はシンプルで、変化が少ない食事を摂ることを熱心に実践している。望む体重を維持できているのは、過去20年間、週日の朝にはオートミール、昼にはサラダを食べているからだ（本書を書いている時点で、彼女の体重は15年前より約4・5キロ軽くなっている）。

オートミールの朝食はとくにいいらしい。作るのが簡単なうえ、栄養価もあり、安価だ。とくにいいのは、昼食に毎日サラダを食べるのと同じように、毎日、何を食べるかを迷う必要がないこと。何を食べるかを決める必要がないなら、悪いものを食べることはない。変化を抑えるための良い方法だ。

時間を節約するために、彼女は次の材料をあらかじめ混ぜ合わせておく。

・オートミール6カップ（砂糖や繊維質を加えていない昔ながらのもの）
・細長く切ったアーモンド1カップ
・干しクランベリー1カップ
・シナモン1／4カップ

それを毎朝3／4カップ分、電子レンジ対応のボウルに入れる。材料がかぶるくらいの水を加えて、2分から2分半電子レンジにかける。彼女はカロリーを増やさないために水を使うが、牛乳でもいい。たまに、リンゴやバナナを刻んで加えたり、小さなスプーン1杯のピーナッツバターを加えたりする。

ぼくは習慣の生きものだ。朝食にはたいがい小から中サイズのボウル1杯分のシリアルだけを食べる。個人的には、カシ・オーガニック・シナモン・ハーヴェストのシリアルが好きで、ほとんどこれを食べている（2章で体重を増やさないシリアルの作り方を紹介した）。昼食には、サラダとグリルした肉（チキン、ビフテキ、ポーク）。夕食にもサラダを食べる。ロブと同じようにぼくも夜はしっかり食べるが、決してごちそうではない。

サラダは作り方さえ覚えれば、おいしいうえに健康的だ。太っていた頃は、サラダの上手な作り方を知らなかった。それでももちろん、しゃれた野菜の水切り器を持っていた。最近は、水気が残っていても気にしない（野菜の水切り器はもう使っていない）。おいしいサラダを作るには、大事なことがふたつある。材料とドレッシングだ。このふたつは陰と陽であり、どちらが欠けても良くない。なのに、レストランで何度ドレッシングがかかっていないレタスとトマトのサラダを出されたことか。もしこれをサラダと言うのなら、誰もサラダを食べたがらなくても不思議はない。ぼくだって、毎回、フライドポテトを選ぶ。

次に、ぼくがサラダに使う材料（すべてを同時に使うわけではない）を紹介しよう。

1. レタス、ホウレンソウ、または緑の野菜。比較的小さく切る
2. ミニトマト
3. ヒヨコ豆かインゲン豆。缶から出して水を切り、流水ですすぐ
4. 黒か緑のオリーブ（詰めものがあってもなくてもいい）。瓶から出したままで（ギリシャのカラマタ産オリーブがおいしい）
5. 生の唐辛子。細かく切る
6. 焼いた唐辛子。瓶から出して細かく切る
7. 乾燥トマト。瓶から出して細かく切る
8. ピクルス（甘くないもの）。瓶から出して細かく切る
9. アーティチョークの芯。瓶や缶から出して、細かく切る
10. 春タマネギか紫タマネギ。呼吸困難を起こさなければ、できるだけ細かく切る
11. フェタチーズ（ヤギのチーズ）。2・5～4センチのキューブ状のもの。細かく切って上に散らす

12. かた茹で卵。2つに切る。弁当に入れるなら切らない
13. トウモロコシ。缶のものでもいいが、茹でて軸から外したものならなおいい
14. 調理した肉（調理法を紹介する）
15. 小麦粒。片手で2杯ほどを鍋に入れ、材料がかぶるくらいの水で茹でる。水気がなくなったら、さらに水を加える。45分、あるいは食べられるまで軟らかくなったら火を止める。2～3日分をまとめて作る
16. 調理したキノア。南米のアンデス地方を原産地とするビートやホウレンソウの仲間で種子を食べる

数学的に言うと、この16のリストから6つを使って8008種類のサラダを作れるので、実際は変化を楽しむこともできる。エコノミストにとって、おすすめのレシピを数学の問題に変えるのはお手のものだ。

わたしはこうした材料をさまざまに組み合わせたサラダを食べている。たいがい、材料はリストのうちの6つだ。心から勧めたいのは、ロメインレタス、ミニトマト、ヒヨコ豆、小麦粒、焼いた唐辛子、グリーンオリーブの組み合わせ。けれど、とにかくリストの材料を組み合わせて混ぜるだけでいい。このリストがすばらしいのは、容器から出したまま使えるものが多いことだ。食料庫に必要な瓶詰めや缶詰めを置いておけば、あとはすす

いだり、切ったりするだけ。いったん始めれば、数分でおいしいサラダが作れるようになる。毎日、出来合いの昼食を買わずにすむので、お金も節約できる。

もし、サラダを弁当にするなら、ぼくはまず持っていく容器いっぱいに材料を詰め、それから大きめのボウルにそれを空けて、塩、コショウを振る。どちらもサラダの風味を高めてくれる。次にもっともシンプルなドレッシングとして、オリーブオイルを少しかける。それだけだ。何年間も体重計に乗ってみて、クリームやマヨネーズをベースにしたドレッシングは、胴回りに大打撃を与えることを知った。だから、そういうドレッシングは永久にあきらめるほうがいい。ランチドレッシングやブルーチーズドレッシングを野菜の味がわからないほどたっぷりかけるのに慣れている人は、この考え方にぞっとするかもしれないが、少量の塩、コショウ、オイル、それに酢かレモンジュースを少し加えただけで、野菜の味を引き立てるおいしいドレッシングが作れることにきっと驚くだろう。

## やってみよう

リストにある10かそれ以上の材料を、ネットストアのショッピングリストに加えよう。

サラダに使う材料が決まれば、あとはそれを全部ボウルに入れて、数秒間、材料とドレッシングを混ぜ合わせ、持っていく容器に詰める。この昼食を試して、好みのサラダを見つけると、これまでのボリュームのある炭水化物過多の昼食は食べたくなくなる。さらに重要なのは、毎日サラダにすれば、昼食に何を買うかを豊富な選択肢から決めなくてすむ。昔は、毎日、昼に何を食べるかを考えては、太る原因となるようなごちそうを選んだ。選択肢が多いほど、体重にとって良くない選択をすることになる。

ロンドンのシティで働いていた頃の自分なら、弁当にサラダを持っていくのは恥ずかしいと思ったかもしれない。昼休みは友人たちと会って、もちろんボリュームたっぷりの食事をしながら、みじめな仕事について愚痴をこぼす時間だった。今は、いつもといっていいほど弁当を持っていくが、自分のデスクでひとりで食べるとか、昼休みに人と交流をしないというわけではない。オフィスを出て、友人や同僚とおしゃべりをすることは重要だと思っている。ぼくの経験では、飲食時には、大人数のグループのひとりが外から食べものを持ち込んでも見ない振りをしてくれる店が結構ある。その人以外が食事をして代金を払う限り大目にみてくれる。多くの飲食店の共有スペースであるフードコートなら、サラダを持っていって食べてもなんの問題もない。もちろん、それぞれが昼食を持ってくるか買うかして、公園や休憩室に集まっておしゃべりをするのもいい。

夕食は、肉や魚に加えて、サラダか野菜を多く摂るといい。もっともいいのは、グリルかオーブンで焼いた鶏肉だ。鶏肉は比較的脂肪が少ない。鶏の、できれば胸肉に大さじ1杯程度の植物油をまんべんなくまぶして、塩（ぼくはたっぷりかける）、コショウを振ってから調理する。ぼくはいつもグリルで焼くが、オーブンを使うなら、トレイに載せて180度に予熱したオーブンで30分から45分間焼く（鶏肉の大きさに応じて）。ナイフで刺してみて、肉汁が澄んでいれば焼き上がり。さっそく食べよう。

さて、著者ふたりがすすめるレシピを紹介した。読者のみなさんが慣れ親しんでいる料理と比べてさえない感じがするかもしれないけれど、そこが大事なところだ。**わたしたちは手の込んだ料理を食べて痩せたのではなく、（健康的な）同じ食事を続けることで痩せた。**たとえ選択肢が限られていても、自分たちがキッチンで作る食事を楽しんでいる。この習慣は体重を減らし、リバウンドを防止する助けとなる。

## ペイン家の原則と新しい標準

本書のより実践的なメッセージのひとつは、わたしたちが勧める小さな習慣を、減量を目的とするときと同じように、リバウンドを防ぐためにも厳密に実行するべきだということだ。残念ながらダイエットに終わりはない。それをきちんと理解していないからこそ、多くの人がダイエットに失敗する。4章で示したように、長期的に見たダイエットの成功率が悲しいほど低いことは統計によって示されている。

**ダイエットの成功とは、身体の状態をある均衡から別の均衡へと移行させることだ。**目標体重まで減量できれば、それ以上体重を減らす必要がないので、好きなものをしっかり食べられる機会も多くなるだろう。それでも、体重計に乗って悪い数字を見たくないために、昔の食習慣に戻ることはなくなる。減量前の食べ方に比べれば、つねに終わりのないダイエットをしていることになる。均衡体重を維持するためのカロリー量が、ダイエット前より少なくなっているからだ。

この点を説明するために、ある単純な計算をしてみた。ロブは、ダイエット前には体重が113キロあった。そのため、体重が79キロの今よりも、同じ仕事をしてもより多くのエネルギーを消費した。113キロの人は79キロの人よりも約1・5倍重量があるので当然だ。全米アカデミーズ健康医療部門の食品栄養委員会によると、身長178センチ、体重113キロで、終日椅子に座っていることが多いロブの1日の均衡カロリー（体重を増やすことなく食べられるカロリー量）は3076カロリー。[※3]一方、34キロ減量後の均衡カロリーは、2533カロリーだ。言いかえれば、ロブは太っていた頃は、今よりも毎日543カロリー多く食べても体重が増えなかったことになる。

もし、減量前に食べていた量が食べたいと思っている量なら、体重を増やさないようにするのは、つねにダイエットをしているようなものだろう。食べたい量を食べることができないのだから。食品栄養委員会のサイトで計算すると、体重の29パーセントを減らしたロブは、1日に摂取するカロリーを17パーセント減らす必要がある。永遠に。

カロリーの摂取量が食べた量に比例すると仮定し、ダイエットを始めたときの体重のパーセンテージとして示せば、たとえば、体重の40パーセントを減らすときは、リバウンドをしないために、食べる量を永遠に以前よりも20パーセント減らさなければならない。

けれど、話はもう少し複雑だ。2章で述べたように、減量しようとすると、身体は体重を元に戻そうとして、新陳代謝を遅くする。つまり、2対1の比率（体重の40パーセントを減らすために食べる量を20パーセント減らす）では足りない。残念ながら、わたしたちのどちらもこの計算をする必要性に気づかずに、長期の食事日記をつけなかったため、正確な割合がわからない。けれど、多くの議論の末、限りなく1対1に近いと感じている。

よって、わたしたちの経験則は次の通り。カロリー摂取量が食べた量に比例し、減量前と同じ生活を送るとすると、ダイエット前とダイエット後の1日の均衡カロリーの比率は、減量分と同じになる。すなわち、体重を20パーセント減らすなら、食べる量をダイエット前より20パーセント減らす。体重を40パーセント減らすなら、食べる量をダイエット前より40パーセント減らさなければならない。リバウンドを防ぐために。これがペインズ家の原則だ。

## やってみよう

3章で述べたボディマス指数（BMI）式にもとづいて、目標体重を算出する。次に、目標に達するために、何パーセント減量するのかを計算する。その数字の分だけ、食べる量を減らさなければならない。

減量し、リバウンドを防ぐことは難しいが、立ち向かうべき問題をきちんと知り、正しい考え方で始めるなら不可能ではない。体重の減量分と食べる量を減らす分とが1対1の比率になるというのは、次の章で論じるように、その場しのぎの流行のダイエットには問題があることを明確に示している。そうしたダイエットが失敗に終わるのは、長い時間をかけて食生活を調整することを教えないからだ。だから、続けられるようなプランで始めることが大事だと思う。つまり、初日から、いかに食べる量を減らすか、食べすぎる誘惑を避けるかを学ぶ必要がある。食事の摂取量をある均衡から別の均衡へと移行させるのは、医者に命じられたときよりも、自分で決めたタイミングのほうがずっといい。

肥満の問題に向き合い、食べる量を減らして、より健康的な未来を迎えるために新たな均衡へ移行することは、経済においては、個人支出を抑えて豊かな未来のために貯蓄を増やし、実体経済への投資を増やして長期的な成長力を高めるという新しい均衡に移行するのと似ている。単に似ているだけでなく、コインの両面とも言える。このふたつは、新しい持続可能な均衡に達するために、永続的な調整が必要な過剰消費の例だからだ。

## 運動の役割

ここまでは均衡のインプット、すなわちカロリーや食べる量について述べてきた。だが、アウトプット、すなわち消費するカロリーについてはほとんど話していないことに、読者のみなさんは気づいたかもしれない。ペイン家の原則に従って空腹に苦しむよりも、運動をするほうがいいのではないか。運動をすれば摂取したカロリーの一部が消費されて、均衡を押し下げることになるのではないか。理論的には、食べる量を30パーセント減らすよりも定期的に運動をすれば、減らすのは15パーセントだけ、あるいはまったく減らさなくていいのではないか、と。

**さて、いくぶん直感に反しているかもしれないが、わたしたち著者は、減量を運動だけに頼るべきではないと考えている。**もちろん、運動をしたいなら、それは良いことなので、ぜひやってほしい。運動は有効だし、自転車に乗ったり、走ったり、泳いだり、ウエイトトレーニングをしたり、ヨガをしたり、その他の激しい運動を日頃からやれば、長生きをし、おそらくより幸福になれる可能性は大きくなる。運動はぜひやってほしいし、わたしたちももっとできたらと願う。けれど、究極的な問題は過剰消費であり、ダイエットに成功するには、その問題に集中する必要がある。

なぜそう思うかを説明しよう。

要点に入る前に、2章で述べたように、運動は、豊かさの文化のもうひとつの例になりうることを示したい。何かを始めるときに、道具に多くのお金をかけるべきではないと思うが、そうしたことはよく起こる。ランニングマシーンやエクササイズバイクを買っては部屋の隅で埃をかぶらせ、やがては安く隣人に譲り、その隣人も同じことをする。また、1日の歩数を記録するさまざまな高い装置を買う人もいる。こういった装置は比較的使いやすく正確かもしれないが、減量という点からは、個人的には意味がないと思う。つまり、わたしたちふたりとも、減量のためにそうした装置が必要だとは考えたことがなかった。1日1万歩を歩くことがよく推奨されるが、たとえ2万歩歩いたとしても、食事をコントロールできなければ減量はできない。問題の根源が食べすぎなら、何歩歩いたかを測る意味はない。毎日の体重に集中するほうがずっといい。

やや真面目に言えば、わたしたちの経験では、運動は減量にはそれほど役立たないように思う。クリスは太っていた大学生のときに、友人のひとりに説得されてラグビーの試合に出ることになった。試合の前に少し練習をした。寮に戻ると友人（ラグビーをするようクリスを説得した友人）に、すぐに目玉焼きを食べたら、運動の効果がなくなると指摘された。そうかもしれないが、運動をしたからこそ、クリスはお腹が空いたのだ。

運動は良いことだからするべきだ。けれど、運動だけでは足りない。さらに、わたしたちの経験から言えば、**運動をすると身体が消費したカロリーを補おうとするので、さらに食べたくなる**。クリスは妻のナディアから、結婚前にマラソンをするように説得された（クリスのためと思ってのこと）。もちろん、太っているときにはそんなことはできなかったので、減量後の話だ。それでも、基本的な運動から始めて、恐ろしいほどの訓練をしなければならなかった。そして、やり遂げた。結婚式の2日後に行なわれたワシントンD.C.の海兵隊マラソン大会で完走した。けれど、体重はまったく減らなかった。16キロ走るたびに、身体が食べものを欲しがるので、エネルギーを補充するために食べた。とくにパスタを。

ロブの経験も似たようなものだ。体重がもっとも重くなりかけていた頃でさえ、ロブは規則的にジムに通っていた。けれど、なんの効果もなかった。実際、減量してからよりも、もっとも太っていた頃のほうが熱心に運動した。週に7日、ほぼ1時間、集中的に有酸素運動（たいていウォーキングマシンで歩いた）を行なった。今でもジムに通ってはいるが、以前のように定期的にではない。たいていは、約30分の有酸素運動だけをする。減量に必要なのは、ウォーキングマシンで汗を流すことではなく、食べる量を減らすことだとわかっているからだ。

ジムの会員になることは、新年の儀式のようなもの。設備を使うために高い会費を払って、自分自身にやる気を起こさせようとする。けれど、そううまくはいかない。クリスは過食をしていた頃、2度会員になったが、2年間で3回ほど利用しただけで終わった。

ただ、運動後の強い食欲に精神的に勝つことができるなら、激しい運動が、減量やリバウンド防止の助けになるかもしれない。クリスの兄のリチャードは160キロ自転車に乗って、約11キロ体重を落した。トレーニングのもっとも良いところは「好きなものを食べながら体重を減らせる」ことだ、とリチャードは言う。レースが終わるといくらかリバウンドした。それは食事を減らす訓練をしなかったからに他ならない。リチャードは今でも自転車に乗っているが、減量のためではなく、リバウンドを防ぐためだ。食べることが大好きなので（遺伝である）、50キロ程度自転車に乗ったあとなら、太らずにすむと考えている。自転車に乗れば余計にお腹が空くが、ごちそうを食べても体重計の数字が増えないように、お腹を空かせたいのだ。抜け目がないとも言えるが、減量とは関係がない。

けれど、運動によって減量をする最大の問題は、わたしたちが見る限りでは、長続きしないことだ。しばらく、運動を熱心に続ける人も多い（クリスはそのひとりではない。2度とマラソンはしないつもりだ）が、結局は収穫逓減の法則に従って興味が薄れ、退社後はランニングのかわりに、テレビを観たり、ハッピーアワーを楽しんだりすることになる。わたしたちが経験したように、この問題は家族ができるとより大きくなる。朝早く起

## 避けるべきものと試してみるべきもの

| 避ける | やってみる |
|---|---|
| ウォーキングマシンで30分歩く* | 運動するための時間を使って家で食事を作る |
| テレビを見ながらのバーピー（流行の全身運動） | テレビを見ながら間食するのをやめる |
| 催眠術 | 空腹のせいで視野が狭くなり食べすぎに陥らないよう、毎日体重を量る |
| 高価な精神分析療法にお金を使う | 新しい服をひと通り揃えたら、残りのお金は定年退職後、あるいは子供の学費に備えて貯金する |
| 低炭水化物であるグルテンフリーのピザを注文する | ピザではなくサラダを注文する |
| 10日間のジュースクレンズを行なう | 本書を読み、食べる量を減らす新しい習慣を身につける |
| 戸棚の手の届かないところにクッキーを隠す | そもそもクッキーは買わないようにする |
| スマートフォンにやる気を高めるための選曲リストを作る | 毎日体重を量り、食べる量を減らした結果、どのくらい体重が減るかを観察する |
| 好きな食べものをもう食べないと決意する | プチごちそうとプチ断食（6章参照） |
| 1日に6回軽い食事をする | 1日に3回の食事をし、そのうちの1食はしっかりしたものを食べる |

*もちろん運動は良いことだが、減量戦略としてはあまり効果がない

き、子供たちに学校に行く支度をさせ、食事をさせて、夜は寝かしつける。そうなれば走る時間もエネルギーも残らない。

たとえ時間があるとしても、運動を50代や60代になっても続けられるかどうかはわからない。偉大なアスリートでさえ、いつかは運動をやめ、太らないために食べる量を減らさなければならなくなる。**彼らが痩せていたのは、激しい身体活動をしていたからなのだ。元フットボール選手や元軍人で肥満の状態に陥っている人は多い。**

60歳を越えてもマラソンを続けている人たちもいるにはいるものの、わたしたちはある時点で運動をやめなければならない。減量やリバウンド防止を運動だけに頼れば、いずれ選択肢がなくなる日が来る。すると、食生活は変わらないために、体重が増えることになる。減量のために運動をするのは、手順の間違いだ。正しい順序でやるほうがいい。運動をしてもしなくても、まずは、食習慣を変えることによって、いかにリバウンドを防ぐかを学ぶべきだ。

運動について最後の大事な点のひとつは、適度に、定期的に運動をするのはとてもいいということだ。読者のみなさんにはぜひ運動をしてほしいし、すでに述べたように、わたしたち著者もそうできたらと思う。けれど、セレブと呼ばれる人たちがもてはやされる大量消費文化においては、運動やダイエットの概念が、しばしば完璧な身体の概念と深く結びついている。生活スタイルを変えること（減量し、運動をする）が、アクション映画に出てくる好みの俳優と同じ体形になることだと考える人があまりに多いのだ。3章の目標設定に関連して述べたように、そうした考えで始めれば失敗につながる。**理想的な身体になることや、つねに完璧な食事をすることを決意しないように。継続できるやり方で、変えるべきことを変えるといい。**何よりもまず食べすぎをやめることが大事だ。

読者のみなさんも新しい均衡へ移行してほしい。その均衡は完璧でなくても、良いものであればいい。現実的になることや自己認識が必要だ。運動は永遠には続けられないし、6章で論じるように、ときにはごちそうを食べることも避けられない。長期的な成功を望むなら、こうしたすべてを考慮に入れる必要がある。

## この章で提案した最善の行動

▼**重要な小さな習慣**

・食事の変化を制限する

▼**さらなる小さな習慣**

・職場に持っていく弁当をサラダや残りものにする
・その場しのぎのダイエット法はすべて無視する。食べる量を永遠に減らすことを覚悟する
・家でもっと食事を作る

# 6章

# 配分する

## ——ごちそうを食べつつ瘦せる

The Economists' Diet

Chapter 6

## 人生を楽しみながらダイエットする

読者のみなさんは、今、経済学が「陰鬱な科学」と呼ばれるのを当然だと思っているかもしれない。ここまで肥満の問題に対して、ひたすら厳しい節制を求めてきた。たとえば、この先ずっと毎日、しっかりした食事は1日1度だけ。痩せたいのならば、つねに自制し、悔い改めた者がモーセの十戒に従うように、本書の提案に従うべきだ、と。

けれど、この最終章で本書をもっと前向きに締めくくりたいと思う。というのも、わたしたち著者は、たいていのときは節制を重んじるべきと考えるが、特別な機会には存分に食べて、飲んで、楽しんでいいと思っているからだ。ごちそうを食べることは人間にとって大事な経験なので、避けられない、あるいは避けるべきでない理由がたくさんある。ダイエット中だからといって、こうした基本的な社会的経験をあきらめようとするのは、空想の世界に住んでいるか、充実した人生を十分に送っていない人だろう。

**うれしいことに、わたしたちが提案するプチごちそう／プチ断食を実践すれば、ごちそうを食べる機会があってもダイエットは失敗しない。**それが本書が最後に論じる最善の行動で、実にわかりやすいものだ。すなわち――日曜日の昼食に家族でごちそうを食べたら夕食は抜く。また、1日食べて、飲んで楽しく過ごすなら（クリスマスの毎年恒例のクリスマス・ランチを思い出してほしい）、翌日（できればその翌日も）は厳しく節制する。休暇が近づき、思いきり楽しもうと思っているなら、旅行の前後は食べる量を減らす。

## ごちそうを楽しむための経済学

クリスはアメリカ人女性と結婚してアメリカへ移住し、やがて市民権を得て、感謝祭というアメリカの行事を祝うようになった。妻と妻の家族や、他の重要な情報源（おもにテレビ番組「スヌーピーの感謝祭」）から、感謝祭の起源を学んだ。けれど、実際に体験して初めて気づいたのは、感謝祭とはそもそも究極の大食い大会のようなもので、ごちそうというごちそうを食べ尽くす祝日だということだ。

それを示すために、クリスの家族や親族が感謝祭に決まって用意する料理をいくつか紹介しよう。

1. 10キロ以上のローストターキー
2. すりつぶしたサツマイモにマシュマロとピーカンを添えたもの
3. トウモロコシのバター和え
4. サヤ豆のキャセロール

5. マカロニグラタン（いろいろなチーズを使って）
6. サワークリームとバターを添えた定番のマッシュポテト。カリカリに焼いたベーコンを添えることが多い
7. 自家製クランベリーソース
8. ブロッコリーのソフトチーズ和え
9. エンドウ豆のフライドオニオン和え
10. バター、揚げパン、ローストターキーの肉汁を混ぜた詰めもの
11. コーンブレッド
12. バター、ローストターキーの肉汁、クリームを合わせたグレービーソース
13. 芽キャベツとベーコンのバター炒め

だいたい15人分だとはいえ、あまりに多い。しかも、何世紀にもわたる伝統行事なのに、ありとあらゆるものが食卓に並ぶ。現代の感謝祭は、感謝祭の強化版といったところだろうか。みんなが郷愁を感じる料理が、この飽食の時代に合わせてアレンジされている。その量もアメリカ中南部の大草原地帯が大砂嵐に襲われた1930年代や、他の大不況時代には想像もつかないほどだ。

感謝祭のごちそうは、概して健康に良いものではないし、ヨーロッパからの入植者たち

が食べたものとはまったく異なる。けれど、それが本質的に悪いということではない。ダイエット中の人にとってもだ。感謝祭が変わることはないし、変わるべきでもないだろう。世界には同じようにたくさんのごちそうを楽しむ祭事が多い。宗教的なもの（クリスマス、イスラム教の聖なる断食月ラマダン明けの祭日「イード・アル・フィトル」、ヒンズー教の光の祭り「ディワリ」など）もあれば、収穫を祝うもの（韓国の秋夕《チュソク》、中国の中秋節、ユダヤ教の仮庵《かりいお》）などもある。そうした祭事と同じように、感謝祭はきわめて人間らしい祝宴だ。

こうしたごちそうを食べる機会からは逃れられない。もし読者のみなさんが、わたしたち著者とそれほど変わらなければ、ベルトがきつくて苦しくなるほどお腹いっぱいに食べることが、1年に何度もあるだろう。友人や家族の家に昼食か夕食に招かれれば、次から次へと運ばれてくる料理を押し返すわけにもいかない。かといって、それぞれの皿からほんの少しずつよそったとしても、品数が多ければ、結局お腹はいっぱいになる。良識が通じる世界なら、おかわりを断わられ続ければ、招いた側はこんなにたくさん作らなくていいというサインだととらえる。大量の料理が残る経験を繰り返したときもそうだろう。けれど、祝祭の食事に関しては、わたしたちは良識をすっかり失ってしまう。

現代は祝祭のごちそうや、宗教的な意味合いがなくてもごちそうを食べる機会がたびたびある。次のセクションでは、それを踏まえたうえで、いかに体重を管理するかを説明しよう。ただ、その前に少し時間をとって述べたいのは、特別な機会であるか、もてなす側やもてなされる側の人生の単なるひとコマであるかにかかわらず、こうしたごちそうには社会において果たす役割があることだ。読者のみなさんには、ごちそうが出る行事や場と折り合い、楽しんでほしい。アメリカのシチュエーションコメディ「Ｈｅｙ！　レイモンド」を見たことがある人は、レイモンドの父親のフランクがしていたように、ごちそうを食べる前にズボンの一番上のボタンを外しておくことを勧める。

儀式的な意味を持つごちそうの席に着くことは、コミュニティを築き、維持するために不可欠であり、誰にとっても必要なことだ。フランスの学者マルセル・モースは、経済人類学の研究としておそらくもっとも有名な１９２５年初版の著作『贈与論』のなかで、こうした行動を環太平洋地域の部族社会で観察した豊富な例を用いて説明している。それによると、ある集団から別の集団へごちそうを提供することは、初期の形態の交換であるらしい。モースはそれを贈与交換の原理と呼び、現代の商業社会の予兆だとした。贈与には与える、受け取る、返礼するという３つの義務がある。贈与に関連する伝統と慣例に従わないのは、モースによれば、祝宴に参加するという基本的な道徳規範に背を向けるのと同じだった。祝宴の場は人々を結びつけ、コミュニティを築き、社会のつながりを強くするものだからだ。

## ■囚人のジレンマ

こんにちでもわたしたちは贈与の倫理に従って、与え、受け取り、返礼する。考えてみるといい。なぜ、クリスマスにプレゼントを交換するのだろうか。欲しいものはそれぞれが自分で買えば、面倒な思いをしないですむのに。なぜパブでは、自分が飲んだ分を払うのではなく、みんなが友人全員に1杯ずつおごるというのを繰り返して、結果的に同じ金額を使うのだろうか。誰かが全員に1杯ずつおごるときは、その人の順番が来たからにすぎない。それでもみんながさかんに礼を言うのは、その人が集まった仲間の一員として義務を果たしているからだ。しばしば不合理とも思えるものの、交換がなければ経済活動は起こらない。とくに、与える、受け取る、返礼するという義務は、信頼関係があれば、「囚人のジレンマ」の問題を解決するのに役立つことになる。どういうことかを説明しよう。

囚人のジレンマとは古典的な思考実験のひとつだ。ふたりの悪党が逮捕されて独房に留置され、互いに連絡を取ることができずにいる。警察はそれぞれに対し、主たる罪で有罪にするには不十分だが、1年間勾留できるだけの証拠はあると伝える。そして、処罰を重くするために、それぞれの囚人に次のような取引を持ちかける。すなわち、ひとりが相棒にとって不利な証言をする（ゲーム理論でいう「裏切り」）一方で、もうひとりがそうしない場合は、裏切ったほうが釈放され、相棒が5年間の刑に処せられる。どちらも相棒を

裏切る証言をした場合は、ふたりとも2年間の刑に処せられる。[※1]

囚人ふたりの集団としては、ふたりとも取引を拒否して1年の勾留ですませるのが最善の結果になる。けれど、ふたりのあいだに信頼関係がなければ、ふたりはそれぞれ相棒を裏切ったほうが得だと考える。自分は裏切らなくても相棒が裏切れば、自分は5年間投獄され、相棒は無罪放免になるからだ。ただし、ふたりとも相棒を裏切れば、ふたりとも刑務所で2年間過ごさなければならない。

囚人のジレンマは経済学における範例的モデルとなっている。信頼関係がない場合は、合理的な行動が集団にとって最適ではない結果につながることを示しているからだ。大企業がなぜ利益を最大化できないような価格戦略や数量戦略をしばしば採用するかは、囚人のジレンマによって説明できる。世界経済を悩ませる輸出大国と輸入大国のあいだのいわゆるグローバル・インバランスに対して、ほとんど対策がとられない理由もだ。たとえば、中国のような国は、輸出に大きく依存するよりも、自国の消費者に国産品をより多く買わせて経済を成長させる必要があり、アメリカのような国は、逆に輸出を増やして輸入を減らす必要がある。いずれも為替レートや金利などの面で連携を強めれば可能になるし、すべての人が長期的な益を得ることになるのに、両国のあいだに信頼関係がないため、何も解決しない。そのかわりに、一方的に関税を押しつけたり、他の貿易障壁を築いたりしようという思考に陥る。もし世界を完璧に調和させることができれば、誰にとっても最適な結果が得られるだろう。

この話をさらに続けることはもちろんできるが、本題であるごちそうのことからあまり離れたくないし、ジレンマの問題をこれ以上取り上げても解決策がないからほとんど役に立たないだろう。けれども喜ばしいことに、少なくても個人、家族、その他の小さな集団は、一緒に食事をし、寛容さやもてなしの心を示すことによって、絶えず信頼関係を築くことに成功している。ごちそうをともに味わう機会を持つことは、将来の裏切りの可能性を抑えることにつながり、それによって囚人のジレンマに似た多くの小さな問題が解決される。信頼は、与える側が過剰なほどの寛容さを、そして受け取る側がおかわりもデザートも快く受け入れてこそ築かれるのだ。

マルセル・モースが述べた、与える、受け取る、返礼するという贈与に関する義務は、現代の商業的世界にはあまり合わないように感じられるけれど、贈与交換の倫理は、集団が交流すれば全員にとってより良い結果をもたらすために必要な信頼が生まれ、それが国と国との関係にも広がることを説明している。海外から要人の訪問があると、盛大で、豪勢で、幾皿もの食事が出る席に大勢の人が出席する。主催国がこれ見よがしに寛大な姿勢を示し、ゲストの高官やＶＩＰを圧倒しようとするのはなぜかを考えてみるといい。もちろん、ゲストは主催国の機嫌を損ねないよう、目の前に出されたものはすべて食べざるをえない。

ごちそうの席は祝祭や休暇の核であり、家族やコミュニティの基盤となる信頼を深める。結婚式、誕生日、クリスマス、感謝祭といった社会的な集まりに内在する共通のテーマはなんだろうか。答えは食べもの。華やかなスイーツやケーキも含めて、何皿もあるコース料理だ。もてなす側は文字通り大盤振る舞いし、しばしば過剰な出費を迫られる。もてなされる側は、出されたものを受け取り、過度に食べなければならない。こうした場に参加しない、あるいは食べるのを拒むのは不作法で、ともすれば侮辱だととられ、主客の絆が弱まる場合もある。もてなしてくれたのが大好きなおばさんなら、たぶんまた招いてくれるが、そうした席ですべきことをしない人をもてなすのは、おばさんだって楽しくないだろう。大好きなおばさんを悲しませることなど、誰だってしたくない。

出された料理を喜んで受け取り、たくさん食べ、後日、同じように惜しみなくもてなして返礼することによって、信頼とコミュニティは確立される。文化はそれぞれに異なり、他よりも過度な気前の良さを求める文化もあるが、客に敬意を表し、その結果、ありあまるほどの料理を用意するのはどこでも同じだ。

読者のみなさんの家族や友人も同じだろうと思う。もしそうなら、今度、日曜日の昼食に招かれたときは、わたしたちが言ったことを思い出してほしい。たくさんの料理が出されても遠慮しないこと。もてなしをありがたく受け、ごちそうを楽しむという義務を果たしてほしい。

## 短期的な戦術と長期的な戦略

さて、クリスマス、感謝祭、誕生日などの特別な機会がやって来たら、ごちそうにどう対処すればいいだろうか。好きなだけ食べれば体重が1キロくらいすぐに増えてしまう。わたしたちが提案する解決法は、おおまかに言って戦術と戦略に分けられる。**戦術とはその場で食べすぎとどう闘うかであり、一方、長期的な見通しを立てるのが戦略だ。**まずは戦術から説明しよう。

クリスの義母のハウラは、戦術的に節食することに誰よりも長けている。ヨルダン育ちのアラブ系アメリカ人で、もてなしの場を大事にする文化を身につけた。アラブ人の友だちから食事に招かれたことがある人には、どういう意味かがわかるだろう。アラブの人たちは、信じられないほどふんだんに料理を用意する。胴回りにとっては問題だけれど、それほどの歓待や寛容さは受け取る側にとってはすばらしいことだ（ただし、さまざまな生い立ちや文化を持つ多くの人が、母親や義母からまさにそうしたもてなしを受けると言っている）。

ハウラは人をもてなすのが大好きだ。４人の娘にとっては少々苛立たしくもあるが、受け取るという義務よりも気前よく与えるという義務のほうを好むらしい。そして、もてなしの席では、自分が食べるよりも、愛する者が食べるのを見ることに喜びを感じる。たとえそうであっても、自分が作った料理の味は確かめたいし、何も食べないわけにはいかない。そこで、家族が集まるごちそうの席で食べすぎないようにするため、次のようなルールを決めた。

・パン、米、パスタはなるべく食べない
・チョコレートはカカオ含有率の高い「本物」しか食べない（ハウラによると、ミルクチョコレートは、キャンディであってもケーキであっても、ブラックチョコレートのかわりにはほど遠く、砂糖と乳製品が入っているのでカカオ含有率が低く、カロリーも高い）
・揚げものを食べない（ハウラはウエストのまわりに脂肪分が漂うという不快なイメージを思い浮かべて、このルールを守るようにしている）
・収穫逓減の法則を利用し、ひと口かふた口食べるだけでごちそうに求める喜びはすべて得られると自分に言い聞かせる
・ゆっくり食べる
・マントラを唱える。ハウラは「わたしはゴミ箱ではない」と唱えて意志の力を強め、目の前に出されたからという理由で食べるのをやめるようにしている

経験則を確固たる習慣へと発展させたハウラは、みずからに節制を課すのが可能であることを示す良い見本だ。そうはいっても簡単なことではないだろう。とくに、わたしたち著者のような人たちは、長年、いやもしかしたら10年以上、おいしいものを食べられるときは存分に食べるという習慣を続けてきて、特別な機会に食べすぎるエキスパートになっているとも言える。だが、クリスが提案できる戦術がひとつだけある。クリスの義母はごちそうをビュッフェ形式で用意する。そこで、クリスはなんとしてでも最初に食べるのを避けて、最後に食べるようにしている。最初に食べると、デザートが出てくるまでにおかわりをする（1度ではすまないかもしれない）時間がたっぷりできてしまうが、最後に食べればその時間が少なくなる。

## ■プチごちそうとプチ断食

わたしたちふたりにとっても、おそらく読者のみなさんにとっても、ごちそうを完全に避けられる見込みはほとんどない。そこで、より戦略的で長期的な対策として、プチごちそう／プチ断食という方法を提案しよう。とても簡単なルールだ。すなわち——ごちそうは楽しみ、その後の食事を抜く。たとえば、感謝祭の昼食のようにごちそうの量があまりに多かったら、そのあとの24時間は何も食べない。これは本書が提案する最後の大事な小さな習慣だ。ダイエットを長年続けるためにきわめて重要なことである。

もちろん、プチごちそう／プチ断食というのは、みずから食事の量を制限するためのもうひとつの方法で、食べものが実際よりも希少であるかのように考える。人間がずっと昔から実践してきた配分という手法でもある。人間は、配分によって、たっぷり食べたいという欲求と、それを阻む金銭（あるいは食料）の不足とを調整してきた。とくに、めったにない特別な機会にたっぷり食べられるよう、ふだんは食べる量を抑えることを、希少性によって学んだ。この手法は、たとえば2章で述べたアメリカの初期の入植者の食習慣にも見られるし、マルセル・モースが『贈与論』で述べた豪勢な料理も、この手法によって可能になったものだ。また、こんにちでもなお、人口が多く貧しい国の多くでは、1日の食事のうちの2食の量を増やすために、あとの1食を抜かざるをえない[※2]。

豊かな文化にあっては、物質的状況によってこうした配分を強いられることはないので、持って生まれた配分のスキルを呼び起こし、ごちそうや美食の機会を楽しめるように、ふだんの摂取カロリーを抑える必要がある。**配分の一形態であるプチごちそう／プチ断食を、日ごろから自分に課して実践しよう。**大変なことのように思うかもしれないが、それほど悪いものではない。

たとえばお金の配分なら、程度の差こそあれ、いつも行なっている。だから、同じスキルを食事の量の配分に使えばいい。収入をはるかに超えた生活をする人も確かにいるし、将来のために貯金をするのが苦手な人も多いが、たいていの人は、1年のうちで収支の帳尻を合わせる。使える金額に限度があることを認識し、その限度額に必要最小限の注意を払うことによって、それができている。子供は、お小遣いをもらいはじめたときからこの習慣を身につける。5ドルや10ドルといった額をすぐに全部使ってしまうのではなく、どうやって1週間もたせるかを経験を通して学ぶ。より大きな買いものをするために、長期間、お小遣いをためる子もいる。

年収が7万5000ドルの世帯の大多数は、年収15万ドルの人たちのような暮らしを送れないことを十分に知っている。収入のなかから必要なものや欲しいものを買うなかで、たとえば、毎年、家族で旅行に行くといった類いの支出には犠牲を払わなければならない。つまり、他の消費をあきらめるということだ。こうした消費者効用の損失は、事前に貯金をする場合は休暇前に発生し、休暇先のハワイで使ったクレジットカード代金を清算するために他の出費を我慢するときは休暇後に発生する。いずれにしても、休暇のためにお金を使えば、当然、そのお金は別のときに別の目的のために使えなくなる。

実際、資金を配分して運用しようとする人がもっともよく受けるアドバイスは、次の3つに分類される。

1．実現できることに対して現実的になる

2．必要なものと欲しいものを明確に区別する
3．向こう1年またはそれ以上先を見越して出費を予想する

このアドバイスはまさしくダイエットにも当てはまる。現実的になるというのは、5章で述べたように、完璧な体形を求めれば失敗するということだ。必要なものと欲しいものとを区別するということは、たとえいつもたっぷり食べたくても、2章で説明したように、しっかりした食事をとるのは1日に1度にして、あとの2度は軽いものにすることに通じる。

最後に、先を見越して予想するというのは、たっぷり食べるのがわかっているときや、豪勢なごちそうを食べる休暇がカレンダーに書き込んであるときは、その前に「節制する」ことを意味する。または、ごちそうのあとの食事を1度抜くとか、休暇後の2、3週間はみずからに節制を課して食べる量を減らすとかして、カロリーの負債を返済する。さらに、出費（車の修理費用など）やごちそうの機会（同僚となんとなく飲み始めた「罪のない」楽しい時間が、大量の料理をほおばる事態に陥ったなど）には予想できないものもあり、その後、収支の帳尻を合わせなければならないこともしばしば起こる。それが、一般的な日々の実情を反映したプチごちそう／プチ断食といったライフスタイルの要となる部分だ。

## 浮き沈みのサイクル

ごちそうの機会、それも特別な記念日や祝祭などはとくに、完全に逃れようとしてもうまくいかないことがわかり、わたしたち著者は、プチごちそう／プチ断食を最善の行動として実践することにした。ごちそうの機会はためらうことなく楽しみ、その分、何日かプチ断食を実行して相殺するのだ。

なお、この行動の実践には注意すべき重要な点がある。ここまで、ごちそうの機会が比較的まれなものとして話を進めてきたが、この豊かな時代にはどんなことでもごちそうを食べる口実になる。感謝祭のときのような料理をいつも堪能するわけではないにしても、宗教とは関係のない祝いごとで、ちょっとした会食をすることも多い。友人が昇進すれば、仕事のあとにパブで飲んだり食べたりするだろうし、娘の成績がオールAだったら、ピザをとってお祝いをするだろう。大変な1週間が終わった金曜の夜は、お気に入りのレストランで食事をして週末を迎えたい。このようにごちそうを楽しむ機会は増え、珍しいことではなくなっている。それに伴って、人間が従来、そうした機会に見出していた価値が小さくなる。

本書の最初のほうで、ロブが、さまざまなレストランで食事を楽しんだことが太った理由のひとつだと述べている。週に5日は外食やテイクアウトをすることがたびたびあり、まるで毎晩、自分の幸運をごちそうを食べて祝っているかのようだった。あれで太らないはずがない。ただ、1週間に外食する回数を減らす（次のセクションで説明する）のは絶対に必要とはいえ、外食をまったくしないというのも無理な話だ。

長期間にわたってダイエットを続けるには、食べる量を減らさなければならない。そこで、ふだんはしっかりした食事を1日1度、あとの2度の食事は軽めにする一方で、ときにはプチごちそうとプチ断食の機会を繰り返し設けて、極端から極端へ、好況から不況へと勢いよく切り替えるといいだろう。

食べすぎを相殺するために空腹を我慢するとか、1カ月のハンガーストライキをするとかを勧めているのではない。**プチ断食とは、すでに食べた、あるいはこれから食べるごちそうの余地を作るために、食事を1度抜くだけのことだ。**夜に友人たちと食事に出かけるなら昼食を抜く。家族が朝食やブランチをたっぷり用意してくれたのでとても拒めないというときは、その日の昼食か夕食を抜けばいい。

また、食事を1度抜くのが簡単だと言っているわけでもない。それは、すでに述べたように、現代の文化的規範に反している。とはいえ、突飛な提案とも思っていない。たとえば、世界のおもな宗教では、（体重を減らすことが目的ではないものの）食事を抜くことを定期的に信者に求めている。イスラム教徒は、断食月の日中は何も食べない。ユダヤ教徒は、1年のうちでもっとも神聖な日であるヨム・キプールに25時間の断食を行なう。キリスト教徒は、四旬節《レント》のあいだに断食の儀式を行ない、キャンディやデザートのようにいけないと思いつつ手を出してしまう食べものを我慢する。その期間は6週間続くが、実はその前に、「脂の火曜日」あるいは「マルディグラ」と呼ばれるパーティで、思いきり飲み食いして騒いでおく。わたしたち著者の断食に対する考え方もまさにこれと同じ。たまのドカ食いを目的のある節制で和らげるのだ。

わたしたち自身が断食の利点を実感してきたからこそ、この考え方が生まれた。断食は、毎日量る体重に大きな影響を及ぼすこと、また、実行すればするほどうまくいくようになることもわかっている。

最初は簡単ではないかもしれないが、まわりに支えてくれる人がいれば助けになる。ロブは、既存顧客や潜在顧客と自分の研究について話すために、ボビー・バンズやキャピタル・グリルといった高級ステーキハウスによく招待される。内心あまりうれしくないのだが、断るのは難しい。また、何より問題なのが、食べる量をほとんどコントロールできないことだ。豪勢なビジネスランチに参加したことがある人ならわかるだろう。みんながステーキや揚げものを食べているときの同調圧力には、どうしても抗えない。そこでロブは、ごちそうの余地を作るため、「脂のビジネスランチ」があるときは何日か夕食を抜く。

## 仕事関係のランチ、ディナー、パーティで食べすぎを防ぐ秘訣

・会場となるレストランのメニューをインターネットで調べ、良質で健康的な料理をあらかじめ選んでおく

・魚でもグリルした鶏肉でもサラダでも、つねに同じ健康的な料理を選ぶ。他の選択肢は無視する

・デザートは避ける。一緒にいる顧客がデザートを望むときは、デザートの代わりにコーヒーを注文する。デザートを頼まざるをえないと感じたら、シャーベットが無脂肪なので、あれば必ずシャーベットを選ぶ。果物が注文できればなおいい。自分が顧客のときはデザートは食べない

・職場のイベントでケータリングを頼むときは、担当者に自分用のデザートとして果物を注文してもらう

・ビュッフェ形式のパーティでは、料理から離れ、会場を歩き回って人と話をする。同様に、ビュッフェ形式のレストランでは、料理のそばに座らない。試してみることができるさまざまな料理の存在をつねに意識しなくてすむようにする

・カナッペが回ってきて我慢できないときは（わたしたちもできない）、それがごちそうではないにしても、その日のしっかりした食事の一部にすることを、食べ終える

## までに受け入れる

けれど、ロブは理解ある妻に恵まれた。おかげで、少なくとも週に1度は、帰宅してから「昼食を食べすぎたので今日の夕食はいらない」と告げることができる。妻も、食事の用意をしてしまった日には必ずしもいい気はしないようだが、ロブが減量できて良かったと思っているので、できるだけ協力しようとしてくれる。もちろん、ロブのほうもスケジュール帳を見て、夕食がいるかいらないかを前もって知らせることが少しずつできるようになった。

ロブはプチ断食中でも、妻子が食事をするテーブルにつき、ともに過ごすようにしている。まわりの人が食べているときに自分だけ食べずにいるのは、相当の自制心が必要だ。そこで、同じような状況にある人は、わたしたちが「準断食」と呼ぶアイデアを試してみるといい。準断食は完全な断食のかわりに行ない、たとえばリンゴなど、低カロリーで1日のカロリー摂取量を大きく増やさないものを食べる。

プチごちそう／プチ断食は、仕事のあとに友人と食事に出かけたり、妻とデートをしたりといった食事の量が多いことが予想される機会にも有効だ。夕食をたくさん食べることがわかっているときは、昼食を抜くか準断食をすれば、翌朝の体重増がかなり抑えられる。

この方法がうまくいくことは、わたしたちふたりが請け合おう。わたしたちは一緒に仕事をし、ときには仕事のあとに一緒にバーへ行くうちに親しくなった。たいていは2、3杯ビールを飲むだけだったが、たまに食事もするときは、そのためにいかにして昼食を、場合によっては朝食も昼食も抜いたかを互いに自慢した。食事を抜くのはわたしたちにとって名誉の印となり、成功談を誇らしげに報告し合った。プチ断食をするのは夜の外食の対価を払うようなもので、ハンバーガーや揚げものやその他高カロリーの食事をお腹いっぱい食べるとき、自分にはその権利があるように感じた。こうした経験を通して仲良くなった友人がいれば、自分自身の行動に責任を持つようになれるし、自分だけがやっているのではないことがわかれば、プチ断食もしやすくなる。

## ■なるべくごちそうは昼に食べる

わたしたちがこうして一緒にごちそうを食べるのは夜が多かった（ビールを1、2杯多く飲めるし、オフィスに戻る心配をしなくていい）けれど、ボリュームの多い夕食は基本的に避けたほうがいい。朝一番に体重を量るからでもあるが、夜遅くに大量に食べると実際に体重が増えるように思える。1日の食事のうちで夕食がしばしば交流の場になるのは文化でもあるので、コントロールするのは難しいかもしれない。それでも、家やレストランで家族や友人が集まってごちそうを食べるときは（ひとりでごちそうを食べるのは絶対にだめだと思っている）、週末に設定し、夕食ではなく昼食にすることを強く勧めたい。

また、ブランチというものがあったのを思い出してほしい。ブランチは食事のためだけでなく、社交のために考え出された（昼間からミモザやブラッディ・マリーなどのカクテルを何杯も飲めるいいわけにもなる）。

これはわたしたちが初めて提案することではない。ずっと昔、栄養学者であり作家でもあるアデル・デービスが印象的なフレーズを作っている。「朝食は王のように、昼食は王子のように、夕食は貧者のように食べなさい」

直感的にこれは正しいように思える。夜遅くにたくさん食べれば、十分に消化せずに寝ることになってしまうからだ。

ところが、アメリカ政府の助言はデービスの古典的な金言とは異なる。たとえば、広く引用されているのが、農務省の体重コントロール情報ネットワークによる次の言葉だ。「何時に食べるかは問題ではない。体重が増えるか、減るか、変わらないかは、何をどれだけ食べ、1日にどのくらい運動するかによって決まる。いつ食べようと、余分なカロリーは脂肪として身体に蓄えられる」[※3]

一方、最近はこの問題に関する対照研究が多く行なわれていて、結論はまだ出ていないと言うべきだろう。

わたしたちの経験では、夜に食べる量を減らしたのがとても役立った。さまざまな行動要因からもそう考えられる。夜は、昼食よりもカロリーが高いものを食べるとか、疲れているので健康的な料理を選ばないとか、アルコールを一緒に飲むことが多いとかで、食事の量や質を管理しにくいのだろう。けれど、もっとも説得力があるのは、わたしたち自身の行動を観察して得た理由だ。**簡単に言うと、たくさん食べたとしてもそれが昼食なら、その日は節制できる時間が長くなるということだ。**夕食をたくさん食べる予定があるからと日中の食事を抑えるよりも、昼食をたっぷり食べてから節制するほうが実行は容易に思える。配分の考え方で言えば、事前に節制してごちそうの余地を作っておくよりも、食べすぎた分をあとから清算するほうが簡単だ。

読者のみなさんのなかには、まだ断食や準断食が極端なやり方だと思っている人がいるかもしれない。体重をコントロールするために食事を抜く必要はないだろう、と。ただ、そう思うのは（一部の）幸運な人だけかもしれない。以前のわたしたちふたりのように太っていて、ときおりピザやハンバーガーなどをたくさん食べるための余地を作りたい人は、ぜひとも断食すべきだ。

と言いつつ、やや直感に反するかもしれないが、わたしたちがプチごちそう／プチ断食を実践しているのは、ＢＭＩ値が現在、正常範囲にあるからこそだ。ダイエットには終わりがないものの、わたしたちは今はもう体重を減らさなくてもいいので、頻繁にごちそうを楽しみ、その影響は食事を1度抜いて相殺している。ピープル誌の「もっともセクシーな男」に選ばれたいわけではないのだから、今の体重が維持できれば十分だ。

けれどもっと重要なのは、特別な機会かどうかにかかわらず、ごちそうはたいてい週末に食べ、週日は軽めに食べるというのが現代のライフスタイルであることだ。だからといって、週末はプチ断食をしなくていいということではない。たとえば、少し前の土曜日、クリスはハンバーガーチェーンのファイブガイズで昼食を摂り、その後は何も口にしなかったのに、日曜の朝に起きて体重を量ったら0・7キロ増えていた。けれど、1週間でこのくらいに抑えておけば、長期的に体重を増やすことなく、友人や家族と楽しい時間を過ごせる。もちろん、月曜の朝には1〜1・5キロほど増えているかもしれない。そのときは増えた分を1週間かけて減らすつもりで、何日かは分別のある食べ方をする。

この習慣は変だろうか。そうは思わない。週末にたくさん食べて、週日は節制するというのは、本書の核となるテーマのひとつを説明している。それは、痩せている人は、太っている人とは異なる行動をするということだ。痩せている友人に尋ねれば、おそらくわたしたちと同じようなことをしているのがわかるだろう。実際、わたしたちがこの方法を痩せている友人のひとりに説明したところ、こう言われた。「みんなそうしていると思っていた」

## ごちそうは1週間に何回か

宗教上の儀式について簡単に説明した通り、断食を勧めているのはわたしたちが初めてではない。**科学研究の分野でも、断食が減量と健康全般に良いことがしばしば示されている。**断食とカロリー制限の効果はおもに小動物で研究されてきた（やはり、一生を通じて断続的に断食し、その結果を研究者が観察することに同意する人間を見つけるのは簡単ではないのだろう）。驚くべきことに、ラットなどの比較的寿命の短い動物に、断続的な断食をさせて摂取カロリーを3分の1減らすと、寿命が約3割延びるらしい[※4]。

理由ははっきりとはわかっていない。断食をした動物には代謝率の低下が見られるため、それが栄養を十分に摂った仲間より長生きする原因かもしれない。代謝が遅ければ、身体の代謝プロセスによって生じた損傷を修復するために細胞が頻繁に分裂や複製をする必要がない。細胞が死ぬ速度が遅くなれば、それだけ寿命が延びる[※5]。さらに、断食をした動物は痩せて全般的に健康になり、体脂肪率の低下、心臓疾患発症率の減少、インスリン感受性の改善が見られる[※6]。

同様の実験は霊長類でも行なわれている。2014年にネイチャー誌に発表された研究では、アカゲザルが摂取するカロリーを標準量から約30パーセント減らした結果、寿命が

大幅に延びた。[※7] 加えて、体脂肪率の低下、筋緊張の改善、脱毛の減少も認められた。[※8]

動物実験の結果が人間では再現されないことが多いのは忘れてはいけないものの、断食には体重の減少だけでなく、健康全般において利点があるらしい。もちろん、わたしたち著者の減量に断食が重要な役割を果たしたことはすでに説明したが、寿命にどのような影響を及ぼしたかについて語るのはずっと先になるだろうし、そう願いたい。また、プチ断食をしなかった場合の寿命については、当然ながら、知ることはできないだろう。

それでもまだ、ごちそうを週に何回食べていいのかという疑問が残っているかもしれない。その疑問に対する明確な答えを示したいとは思うが、ごちそうといってもさまざまなので答えはわからない。

ただし、しっかりした食事とごちそうとでは対応の仕方が大きく異なるので、違いを覚えておくことは大切だ。2章の定義によれば、1日の摂取カロリーの半分以上を含む食事は食べすぎ、つまり、ごちそうである。よって、ハンバーガー、揚げもの、ビール2杯はごちそうだ。

1日のなかでしっかりした食事を1度摂り、あとの2度は軽い食事にすれば、体重のコントロールに自信が持てる。現在、肥満状態にあるなら、この習慣を実践すればすぐに成果が表れるだろう。ペイン家の原理を用いれば、同じ食習慣を守ることによって体重が減り、目標の体重に到達する。一方、ごちそうを食べたときは、1食を完全に抜いても、体重を増やさずにすむのがせいぜいだろう。わたしたちも、ごちそうを食べたあとは、たとえ1食抜いても、翌朝の体重に及ぼす影響を相殺できないことがしばしばある。たとえば、感謝祭などのあとは、その日の朝食か夕食を抜いたうえに、さらに2日ほど節制しないと目標体重に戻せない。

この点についても、2章で述べたことをもう1度言いたい。**どうすれば食べすぎで、どうすれば食べすぎでないかの判断を他人に頼っている限り、自分の体重をコントロールすることなどできない。**また、何がしっかりした食事で、何がごちそうかは、毎朝、自分の体重を量ってこそわかるものだ。幸い、どんなときにプチ断食が必要になるかは、すぐに理解できるようになる。

レストランで食事をするときは、当然、注意が必要だ。ごちそうを食べることになる場合が多いので、その前後の食事についてある程度思い切った配分を考えなければならない。外食をするときは、ほぼすべての経済的インセンティブが不利に働く。飲食店を成功させるのはとても難しいため、レストランの経営者は利益を出そうと低価格（炭水化物を多く含むものが多い）でお得感がある料理をメニューに並べる。同様に、肉、魚、野菜のように傷みやすく扱いづらい材料よりも、砂糖や小麦粉のほうが安く調達できるので、魅力的なデザートを作るほうがずっといい。さらに、4章で説明したように、レストランは、支払う金銭の価値を最大化したいという顧客の気持ちにつけこみ、より多くの料理を注文させることに長けている。

わたしたちは経験から、ごちそうを食べる機会があっても、その半分は1食抜けば相殺できるが、残りの半分、たとえば、ファイブガイズで食事をしたときなどは、相殺に1～2日かかることに気づいた。つまり、体重計の数字に十分に注意を払わないと、プチごちそう／プチ断食の繰り返しによって体重を減らすのが難しくなる。1回のごちそうで増えた0・5～1キロの体重を相殺して元に戻すのに2日かかるなら、週に何度もごちそうを食べてしまえば、増えた体重を戻す前に次のごちそうを食べることになるからだ。わたしたち著者の今の目標はリバウンド防止なので、ごちそうを週に2回食べても、適切なプチ断食と、場合によってはさらなる節食をすればいい。けれど、減量をしたい人なら、週に1回がせいぜいだろう。それでも、ごちそうの食べ方に十分、注意を払う必要がある。1食抜けば翌日の体重が増えないですむ程度に、食べる量を抑えなければならない。

---

**ハンバーガーを食べに行ったときの注意事項**

・バンズの内側を少し削り取る。見た目はあまりよくないが、バンズが特別大きい場合は効果がある

---

・マヨネーズや特製ソースは必ず抜いてもらう。あとからトマトケチャップを使おう
・揚げものを我慢できない場合は、揚げたてで一番おいしいときだけ食べる。冷めるとおいしくなくなるので残しやすくなる
・ダブルバーガーではなくシングルバーガーを注文する
・ナイフとフォークが出るようなレストランで食べるなら、バンズの片方を残す。それでもパンとしては多い
・レタスなどのように包んで食べられるものがあるなら、それで食べてみる

つまり、毎日体重計に乗ってみて、1週間のごちそう（プチごちそう／プチ断食）の回数を決めるようにする。この習慣を続ければ、身体が何を必要としているかがわかるようになる。さらに重要なのは、何を必要としていないかがよりよくわかるようになることだ。先ほど説明したように、週に何回ごちそうを食べていいかという問いへの答えは、体重を減らしたいのか、現在の体重を維持したいのかによって変わる。体重を減らしたいのなら、週に1回にとどめておくのがいいだろう。

こうした行動は、有名な投資家であるウォーレン・バフェットが示した、投資は生涯に20回までというルールから着想を得ている。バフェットは、パンチカードの例えを用いてこのルールを次のように説明した。[※9]投資を1回するたびに割り当てられた場所に穴をひと

つ開けるとする。一生に20回しか投資できないなら、毎回の意思決定を健全なものにするために最善を尽くすようになるだろう。

このパンチカードの例えがすばらしいのは、投資1回1回について真剣に考えよと促していることだ。食事についても同じように考えてみてはどうだろうか。ごちそうを週に1、2回しか食べられないなら、その機会を価値あるものにしてほしい。それを忘れなければ、誘惑に抗う力になる。たとえ火曜日の昼食にごちそうが食べたくなっても、マクドナルドに駆け込んでビッグマックをほおばってしまえば、金曜の夜に近所の新しいバーベキュー店で親友と一緒に食事をするのをあきらめなければならないことを思い出すだろう。両方が同じように重要でないのは明らかだ。原則として、また、ごちそうが果たす役割について本章の初めに述べたことを思い出し、ごちそうを食べるなら交流の機会にしよう。

少し考えてみてほしい。あなたの好きな食べものはなんだろうか。好きなレストランはどこだろうか。そうしたものを完全にあきらめる必要はない。**本章の要点を理解し、身体に良くないものを一切食べないようにするなら、好きなものをときおり楽しんでもいい。**アップルビーズの店の、チリチーズがたっぷりかかったナチョスを心からおいしいと思っているだろうか。アウトバックステーキハウスのブルーミン・オニオンが本当に大好物なのだろうか。イエスと答える人は、アップルビーズやアウトバックステーキハウスでそうしたものを注文し、同じように太るもとになる、それほど好きではないものを食べなければいい。両方を食べてはいけない。チリチーズナチョスやブルーミン・オニオンが好きな料理の10位に入らないなら、どちらも食べず、その分のカロリーを本当に好きなものに割り当てよう。

ごちそうの回数を1週間に1回か2回までと決めれば、とくに好きでもないごちそうでカロリーを摂るのがどんなに馬鹿らしいことかすぐに気づく。ごちそうを食べたことを後悔しようと、1週間のカロリー摂取量が増えることには変わりがないし、体重に表れる影響を相殺するために1食抜いても、翌朝体重が増えている可能性は五分と五分だ。

もし、自分なら選ばないような場所で特別な昼食会や夕食会が行なわれ、そういった場に出席しなければならないときも、ダイエットをあきらめてはいけない。こういう食事から摂るカロリーの多さは無視できず、出席する義務があるというのは免罪符にはならない。こういった場ではサラダを注文し、別の機会にもっと良いごちそうを楽しもう。大事なことなので、もう1度言う。**好きでもない料理から無駄なカロリーを摂ってはいけない。**

読者のみなさんの多くが、かつてのわたしたちのように定期的に外食をしたり、テイクアウトをしたりしていると思う。ごちそうを制限すると驚くべきことが起こるが、実行には計画と行動を変えることが必要になる。どの交流の場に出席するかを選択しなければならないこともあるかもしれない。実際、クリスもダイエットを続けるために、ボブに次のように言ったことがある。「今朝、体重が増えてたんだ。それに、今週はもう何度か外食してる。だから、インド料理のビュッフェには行かれない。来週にしない？」

本書で提唱するダイエットの原則を取り入れてから、わたしたちのダイエットと生活習慣に次のようなことが起こった。

- すでに2回ごちそうを食べた週は、友人や同僚との食事を延期する
- 顧客と打ち合わせをするときは、昼食ではなくコーヒーに招く
- 仕事のあとに友人に会う機会には、前菜や料理を注文するのではなく、飲みものだけにする
- メインディッシュのかわりにサラダかスープを注文する

ここまで食べすぎを抑える方法の説明に大半を費やしてきたが、プチ断食を組み合わせ、ごちそうを食べる機会をコントロールしながら楽しむのはそれほどつらいことではないと解してもらえるように願っている。わたしたち著者も、外食の回数を制限し、食べるものにも厳しい制約を課したおかげで、特別な食事の機会を以前にもまして楽しめるよう

になった。好きな店でピザを食べることを中心に1週間の計画を立て、ついにそれが実現すれば、喜びはいっそう大きくなる。また、これは収穫逓減の法則の一例でもある。そうした機会は、もはや数ある食事のうちの1回ではない。みずから選択した結果であり、それまで節制したことへのご褒美だ。

外食するにしても、家で食べるにしても、食事の量を制限すれば、食事の質に今よりもっと注意が向くようになる。ごちそうが真のごちそうなら、それを楽しむことで、人生が新たな意味を持ちはじめる。人生がもたらしてくれる良きものを楽しめるように、自分と食べるものとの関係を構築してほしい。それこそが本書によって伝えたいことだ。

## この章で提案した最善の行動

▼重要な小さな習慣

・プチごちそう／プチ断食の習慣を取り入れる

▼さらなる小さな習慣

・休暇に備えて配分をする。事前にカロリーを抑えるか、あとから負債を支払う

・ごちそうは夜ではなく昼に食べる

・ごちそうは何を食べるかを慎重に選ぶ。心からおいしいと思わない料理を食べてカロリーを無駄に摂取しない

# おわりに

本書で提案したダイエットの原則をまとめあげるとき、まず念頭に置いたのが、痩せている人は太っている人や肥満に陥っている人とは違う行動をするということだった。そして、わたしたち著者は、以前は肥満状態にあったので、減量をして、その体重を維持するのがどれだけ大変かを知っている。巷にあふれるダイエット本のほとんどはいとも簡単に謳っている。「これだけで痩せて幸せになれる」

だが、そんな手っ取り早い解決策などあるはずがない。あれば生きていくのはどんなに楽だろう。

同時に、食べる量を減らすというわたしたちの助言も、口で言うほど簡単ではない。けれど、本書で提案した最善の行動の根拠は説明した通り。それによって、読者のみなさんの、食べるものに対する考え方が変わることを願う。わたしたちの原則にきちんと従えば、減量はうまくいく。はっきり言って、みなさんは特別ではない。みなさんの身体は地球上の他の人と同じように機能する。それならみなさんも減量できる。わたしたちができたのだから。

みなさんを奮い立たせるために、本書が提案する6つの重要な小さな習慣をおさらいしよう。それに加えてさらなる小さな習慣が25個ある。そのリストをカンニングペーパーのように使って、本書のダイエットを始めてみよう。

1．毎朝体重を量る。デジタル体重計を持っていないなら、すぐに買おう。この習慣がやる気を削ぐものだと言う人も多いが、わたしたち著者の意見は逆だ。毎日、体重を確認すれば、自分の食習慣が良くも悪くもどのように自分の体重に影響を及ぼすかがわかるので、その日1日、正しい選択をしようという意思を保つことができる。また、空腹感に対処する助けにもなる。もちろん、いけないとわかっていながら、ポテトチップスやピザを食べたいという気持ちに負けてしまうこともときにはあるだろう。けれど、毎朝体重計に乗れば、食べたいという衝動を抑え、長期的に食べる量を減らすことができる。

2．しっかりした食事は1日に1度だけ。1日3度食べてはいけないということではない。朝、昼、晩と食べるのは文化でもあるからだ。けれど、1日3度しっかり食べるという習慣は期限切れだと言えるだろう。食品加工技術の革命によって1食分の量が増えているこんにち、3度の食事のうち2度は軽めにするべきだ。しっかりとした食事とはグリルした肉とつけあわせの野菜2種といったようなものだが、きちんと理解するには、体重計と自分の身体を使った実験をする必要がある。

3．カロリーを意識する。どれだけカロリーを摂取しているかという実践的な知識があれば、減量はより簡単になる。カロリー計算は勧めないが（負担が大きすぎる）、カロリーは意識しよう。つまり、カロリーがわかるときは、低カロリーのものを選ぶ。たとえば、マクドナルドで食事をするなら、特別な機会でない限り、ビッグマック（560カロリー）ではなく、チーズバーガー（310カロリー）を選ぶ。

4．流行のダイエット法やダイエット食品にお金を使わない。果物、サラダ、野菜は健康にいい。そんなことは言われなくてもわかると思う。けれど、読者のみなさんのなかには、以前のわたしたちと同じように、より健康的なもの、より太らないものなら、いくら食べても大丈夫だと思っている人もいるかもしれない。わたしたちは、今はもう「低脂肪」「ダイエット」といった宣伝文句を信じない。疑わしいだけでなく、単に食べすぎる人が多いという問題から目をそむけることになるからだ。

5．食事の変化を減らす。変化があれば人生はおもしろいが、いつもさまざまな食べものを楽しんでいるとしたら、その報いは体重計の数字に表れる。人間は食べることが好きだし、さまざまな選択肢があれば、ちょっとずつすべてを食べたくなる。けれど、健康的で手のかからない料理少量をほぼいつも食べ続ければ、食べる量は減るだろう。とはいえ、食事を味気ないものにする必要はない。選択肢を限定するだけのことだ。

6．プチごちそう／プチ断食をライフスタイルに取り入れる。ダイエットをしているとはいえ、受刑者のような思いはしたくない。また、大好きなものをずっと食べないとか、まれなごちそうの場に出るのをやめるというのも長期的には不可能だ。良質のハンバーガーやフライドポテトが好きなら（わたしたちは大好きだ）、そのための余地を作らなければならない。まれなごちそうの場に出るときは、事前に、あるいは事後に食事を抜くといい。わたしたちの経験では、昼にごちそうを食べて夕食を抜くほうが、昼間は食べずに過ごして夜にごちそうを食べるより簡単だ。

## 個人の責任という力

本書を通して、自分の健康は自分で守るべきだということ、他者のせいにしたり、他者を頼ったりしてはいけないということを述べてきた。そのため、わたしたちが提案する小さな習慣はすべてダイエットを行なう人に向けられたものだ。食品製造者や政府に向けたものではない。では、わたしたちが食品業界に対して政府による介入や規制強化を望んでいないかというとそうではない。けれど、わたしたちは現実主義者だ。飽食の時代に生きている限り（おそらくこれからもずっとそういうことになるだろう）、必要以上に食べる機会からは逃れられない。だからこそ、自分自身に責任を持つ必要がある。

米国食品医薬品局（ＦＤＡ）がレストランチェーンに食事のカロリー情報開示を求めるようになったのはすばらしいことだ。そうした情報があれば、より良い決定ができる。ただし、情報開示の水準はまだ十分ではない。たとえば、科学的研究やわたしたち自身の経験から、炭水化物を摂りすぎると体重が増えることがわかっている。そのため、食品医薬品局は、カロリーだけでなく、体重増加につながりやすい食品を考慮した「体重増加スコア」の開発を後押ししている。このスコアがすべての食品について開示されれば、どんな食品を買うかを決めるときに大きな助けとなる。さらに、小学生から退職者まですべての年代の人に向けた栄養に関する教育を政府の援助によって進めるのは良いことだと思う。もちろん、大がかりなものにする必要はなく、まずは「もっとたくさんサラダを食べよう」と勧め、砂糖はどのくらい摂れば摂りすぎなのか、といったことを説明することから始めればいい。

けれど、３章で論じたように、カロリー表示は期待していたほどの成果はもたらさなかった。そうしたデータをどう使っていいかわからない人が多いし、ただ無視する人もいる。政府が肥満蔓延の問題に本気で取り組むつもりなら、課税などのもっと直接的な介入を考えてもいいのではないだろうか。たとえば、タバコと同じように、ジャンクフードに課税するのもいい。デンマーク、フィンランド、フランス、ハンガリー、メキシコなどではそういった税を導入している。アメリカでも、ナバホネイションやカリフォルニア州バークレーでは糖分の多い飲料や、カロリーの高い加工食品に対する課税が行なわれている。[※1]

施策としては妥当なものであり、超党派のシンクタンクである税制政策センターは、2015年に「健康に良くない食べものや飲みものに課税をするべきか」という報告書を発表している。[※2] 報告書によると、そうした課税の効果を高めるには、糖含量に対して課税をし、生産者が既存の製品に含まれる糖分を減らしたり、糖分の少ない新製品を開発したりするよう促すべきとのこと。また企業は課税分を消費者に転嫁しようと製品の値上げをするので、消費者はより健康的な製品を買おうとする。

世界中の実績をもとに推算すると、「糖分の多い飲料に適度な課税をした場合、アメリカ国内の肥満率は1~4パーセント減少する」と考えられる。だが、およそ36パーセントという現在の肥満率を大きく改善するものではない。さらに、そうした課税によって大きな打撃を受けるのは、より健康的、すなわちより高価な食品へと切り替える経済的余裕がない貧困層だ。また、バークレー市が糖分の多い飲料1オンス（約30ミリリットル）当たり1セントの課税をしたときは、飲料メーカーが課税の一部だけを価格に反映させたため、効果はそれほど大きくならなかった。効果を高めるには、課税率を相当大きくしなければならない。※3

適度であろうと、過度であろうと、選択の自由を育んできた米国民は、糖分への課税に憤るだろう。政府の直接的な介入がうまくいかないのもそのせいだ。たとえば、ニューヨーク市が16オンス（約473ミリリットル）以上の甘い飲みものの販売を禁止しようとしたことがある。その政策は、わたしたち著者のアップセリングに乗らないとか、飲みものでカロリーは摂らないという考え方に一致している。けれど、裁判所はニューヨーク市には人々の選択肢を制限する権利はないとして、差し止めを決めた。法的な議論はさておき、裁判所の決定は大衆の意見を反映したもののだったように思う。大衆は、食べるものが政府に制限されることを好意的に受け止められない。自由を守ろうとするあまりに、政府のコントロールを受け入れられないのだ。政府がそれほど厳しくない規制を強いて消費者を支援しようとしても、巨大サイズの炭酸飲料を禁止するというのは、政策としてはやりすぎなのかもしれない。

政府がいかに肥満に取り組むべきかについて、率直で、成熟した全面的な議論が起こることを期待するし、人々の意見にもいずれ変化が見られるだろう。けれど、それはずっと先のことかもしれない。今、肥満と闘っている人にとってはあまりに先のことになるだろう。たとえば、オバマ大統領は任期も終わりに近づいた頃、コメディアンであり政治評論家であるビル・マーの質問に答えて、こう語っている。マーは政府が「国民にもっと健康に良い食事をするよう助言するのを怖れている」と言い、「まさしく『イエス、ウィキャン（Yes, we can）』ですよ。けれど、政府はその責任を十分果たしていない。健康的なものを食べるには政府との連携が必要だ。より良いものを食べ、投票へ行き、何かを学ぶ」と述べた。

オバマ大統領は次のように答えた。「わたしが選挙運動を通して、また、在任期間中に訴えてきたのは変化は上から起こすものではないということ。議会が決めるのを待てば、時間はかかる」

大きな政府の支持者だと一部の人々に考えられている大統領でさえ、こう答えているのだ。

つまり、減量をし、リバウンドを防ぐには、ひとりで闘うしかない。健康的な体重を維持するのは個人の責任だという原則を枠組みにしながら、肥満の問題をひと晩で解決できる特効薬はないことも明確に示してきた。また、そうした商品は、わたしたちが減量するための能力をむしばむ。目標体重まで減量をするには長期間かかるし、リバウンドを防ぐ努力は永遠に続けなければならない。それでも、すべてが意志の問題ということでもない。本書が提案する小さな習慣は、続けているうちにより容易に実践できるようになるだろう。つまり、つねに意志の力に頼らなくてもいいようになるのだ。

もちろん、こうした習慣を身につけるには、無意識に食べるのをやめなければならないので、自己を認識し、抑制する力が必要になる。減量がうまくいかない人が多い理由のひとつは、ダイエットをずっと続けようという意志の力が欠落しているせいなのかもしれないとわたしたちは考えた。そして、ダイエットが失敗するのは、豊かな社会によってもたらされるより大きな問題、つまり、すぐに満足感を得たいという症状のひとつだという結論に達した。欲しいものを欲しいときに手に入れることに慣れきっているため、努力することなくすばらしい結果が得られるという甘い宣伝広告に誘われて、つらく、大変な思いをせずに減量できる方法があるのではないかと考えてしまうのだ。

長年、肥満に悩んでいる友人に本書が提案するダイエット法について話したとき、それがはっきりした。彼は、最初はわたしたちの話に強い関心を見せた。わたしたちの助言、とくに毎日、体重を量るべきだという考えは、初めて聞いたものだったらしい。新しい仲間を得たとわたしたちは思った。将来、本書のダイエット法の成功例として紹介できるだろうと期待した。

そして、わたしたちは空腹に耐えなければならないことを説明した。空腹を不快に思わず、空腹を感じてもすぐに食べようとしてはいけない、と。けれど、彼はそこまではできないと考えたらしい。空腹は我慢できない、だから本書の提案は実践できない、と言った。もちろん、本書を最後まで読めばわかるように、わたしたちは一生つらい思いに耐えるよう求めたわけではない。本書のダイエット法はそもそも食習慣を変えて、それを第二の天性にしようということだ。けれど、彼はなんの努力もせずに痩せる方法を求めていた。

わたしたちは彼の言葉を真剣に受け止め、空腹感を克服するための方法を説明した。けれど、結局、彼にもわたしたちが太っている人や肥満に悩む人に言うべきことを言わなければならなかった。ときには空腹を我慢しなければ、決して減量はできない。犠牲なしに価値あることは達成できない。

現代の経済は自由であることによって発展したが、そうした経済によって生まれた消費者の倫理感は、将来について考える力をむしばんだ。経済的な問題の多くは将来の必要性を考慮しないことから生まれ、当然とはいえ、将来を確実に予測するのが不可能なことで深刻化している。その結果、起業家と協力しながらどのような製品を欲し、必要としているかを決めるという消費者としての役割を果たすのではなく、大量の製品の波に溺れて、ニーズに最適なものを合理的に選ぶことができなくなっている。

これは、わたしたち著者にとってのテーマだ。わたしたちはふたりとも、太りたくて太ったわけではない。けれど、長年、自分の身体をコントロールできずにいた。今は無意識に食べるのをやめ、自分の身体をコントロールできるようになった。そうなると利点がたくさんある。消費者が強い意志を持つのは誰にとっても良いことだ。食べる量を減らし、より健康的なものを食べる必要性を強調することによって、消費者の長期的な関心を重んじるように食品業界が発展する助けとなる。企業は、結局のところ、収益を上げるのが目的なので、消費者が求めるものを提供するようになるだろう。

その一方で、周囲からなんとなく押しつけられたものではなく意識的な選択をするには、自分自身の身体に対するコントロールを取り戻さなくてはならない。フリードリヒ・ニーチェが述べたように、外界の影響に惑わされず、自分がどういう人間であるかを決めるには、「刺激にすぐに反応するのではなく、反応を抑制して、再検討し、自分をコントロールする」ことが求められる。[※4]

もちろん、わたしたちはただの人間だ。つねに迷い、つねに屈服し、つねに祝いごとをして楽しく過ごす。けれど、たいがいは、精神的な闘いに勝つことができるし、誘惑に負けずにいられることも多い。そうなるには時間がかかるし、簡単なことではないが、拒否や抑制ができるようになれば、減量に留まらない強みとなる。衝動をコントロールし、自分に影響を及ぼそうとする力を意識することは、本当の自分がどのようなものであるかをはっきりと、より賢明に把握することにつながる。

## 成功を祝う

本書を通して、3つのことを目指した。まず、さまざまな経済学の原理を用いて、減量を達成し、リバウンドを防ぐための実践的な方法を示すこと。次に、現代の豊かな時代が、体重増という問題が蔓延する要因になっているのを示すこと。これは重要である。いつでも、食べたいものを食べるという機会が無限にあることに対処するために、食べものが稀少であるかのように、自分に食事制限を課さなければいけないからだ。さらに、わたしたちふたりの減量体験を話して、わたしたちができたのだから、読者のみなさんにもできることを伝えたかった。

わたしたちの体験談を話すのが大事だと思ったもうひとつの理由は、それをダイエットを始めるきっかけにするだけでなく、ダイエットを続けるための刺激にしてほしかったからだ。体験談に多くのページを割いたのはそのためだ。けれど、本書を締めくくるにあたり、本書のダイエット法を実行したおかげでどんなに良いことがあったかを語りたいと思う。最初はクリス、次にロブの話である。

## クリスのサクセスストーリー

買い物に関する話をしたい。消費主義に陥らないように注意を促してきたのに、最後にそうした話をするのは妙だと思うかもしれないが、消費がすべて悪いということではない。正しい理由があれば、消費はすばらしいものになる。

まず状況を少し説明する。

ぼくのサイズは38だった。ダイエット後、32になった。今でもそれは変わらない。ダイエットを始めたとき、どれだけ体重を減らす必要があるかはわかっていたけれど、それによって体形や服のサイズがどう変わるかはわからなかった。それどころか、体重が減り始めたときも、ズボンが緩くなっていることに気づかなかった。ベルトにいくつか穴は開けたものの、それまで着ていたジーンズがぶかぶかになっているとは思ってもみなかった。

ダイエットを18カ月続けた。体重はゆっくりと確実に減った。けれど鏡を見て、「すごい！　痩せている！」と思ったことはなかった。おそらく、この頃、金融の世界を離れて、大学院に戻ったせいもあるかもしれない。何年もスーツを着ていたから、そうした「緩さ」が心地良くて、ぶかぶかのジーンズをはき続けた。

2006年1月、ダイエットを始めて2年たった頃、これまで着ていた服が滑稽に見えるようになった。まるで、身体に合わないお下がりの服を着ている小学生みたいだった。ジーンズがだぶだぶだったので、お尻がなくなったように見えた。その頃、将来の妻となるナディアと出会った。ナディアはぼくのファッションセンスではなく、魅力的な人格やユーモアのある個性にほだされてデートの申し込みを承知してくれたのだと思う。実際に、ナディアは、ぼくが実社会で働くのをあきらめた、身なりにまったくかまわない人に見えたと言っている。とはいえ、つきあい始めた頃はぼくが身なりを気にしないことを大目に見てくれたものの、やがてそうはいかなくなったらしい。ぼくがまるでボロを着ているみたいだったからだ。

ある日の午後、ナディアにオックスフォードストリートにあるGAPに行って、基本的なものを買おうと提案された。ナディアは試着室のドアの上から、ジーンズやシャツやセーターを次々と投げ込み、ぼくに試着をさせた。それまで、服を買うのは自分がいかに太っているかを思い知らされる不快な体験でしかなかったが、そのときは自分が楽しんでいることに気づいた。それどころか、自分が痩せてみえるズボンを何本か買うことができた。もちろん、ギリシャ神話のヴィーナス神に愛された少年アドニスには見えなかったけれど、新しい服を着た鏡のなかの自分を眺めるのはまんざらでもなかった。その日は基本的なものを買うはずだったのに、結局、ワードローブを一新することになった。支払いをするとき、店員から、パーソナル・ショッピング・コンサルタントの電話番号を記した名刺を渡されたほどだ。次にワードローブを一新するときは、この番号に電話をすれば必要なものを買う手伝いをしてくれるとのこと。ぼくは、たぶんそういうことはないと思うと店員に言い、礼を告げ、ほほ笑んで店を出た。

思い返してみると、それがぼくの成功を祝う最高の方法だった。愛する人とそうした体験をすることができたのを幸せに思う。読者のみなさんにも、ぜひ同じようなことが起こるのを願っている。

そのときに思ったのは、もう元の体重には戻れないということだった。もう1度、胴回りがどんどん太くなって、ワードローブを買い直すことなど耐えられない。本書を通じて、体重管理には毎日体重を量ることが一番だと伝えてきた。ダイエットが失敗しつつあるのを示すもうひとつのサインは服がきつくなることだ。ぞっとする。もし服がきつくなるのを感じたら、ただちにコントロールを取り戻すべきだ。

そう考えてみると、GAPの店員が名刺を渡してくれたのは、ぼくがすぐにワードローブを買い換えることになるだろうと思ったからなのかもしれない。あの大量の買い物は、買い物中毒のせいではなく、2年間の努力の積み重ねの結果であることを、店員はもちろん知らない。彼女にとって、ぼくは、まともなシャツと標準的なジーンズになん百ポンドかをぽんと出す客のひとりにすぎなかったのだろう。

減量し、新しい服を着たとき、昔の同僚や久しぶりに会った知人の反応は驚くべきものだった。自分が2年前とそんなにも変わっていたとは知らなかった。昔の同僚のひとりは顔の大きさが半分になったようだと言い、3年間隣の席に座っていた元同僚は、列車のなかで偶然会ったときにぼくのことがまったくわからなかった。もちろん、少しはお世辞も入っていただろうけれど、太っていた頃、ぼくはいったいどのように彼らの目に映っていたのだろうか。ああいった反応は予想していなかったが、昔の写真を見ると、自分がものすごく変わったのがわかる。

## ロブのサクセスストーリー

クリスと同じようにわたしも新しい服を買ったときの話をしたい。一番太っていた頃は、自分の身体にぴったり合うオーダーメイドの服を着ていた。今、それを着てみると、まるでピエロのようだ。

太っていたときは胸回りが127センチだった。今は106センチのブレザーを着ている。胸回りが20センチ、胴回りも同じくらい減ったのはとてもうれしい。ワードローブの買い換えは、クリスとは違い、少しずつ進めている。

服のサイズが小さくなるのもうれしいが、もっと良いのは健康になったことだ。わたしの体重がもっとも重くなりかけていた頃、職場には人間ドックを受ける制度があり、検査を受けた人（結果がどうであれ）は健康保険料を割り引いてもらえた。検査の朝、看護師から何か心配事があるのか、と訊かれた。「いや、なぜ？」と問い返すと、わたしの血圧が上が１６５で下が90だと言う。わたしはそのときそれがどういう意味かよくわからなかった。けれど、たまたまかもしれないのであとでもう1度測りましょう、と言われたので、少し経って測り直してみると、今度は上が１８０で下が90だった。

看護師は上司に相談した結果、すぐに治療が必要だと言い（通常の血圧は上が１２０で下が80だ）、救急車を呼ぼうとした。「心臓発作を起こす危険がある」のですぐに病院に行くべきとのことだった。わたしは恐ろしくなったが、救急車ではなく、妻と一緒に初期治療を行なう診療所で診てもらってもいいかと尋ねた。看護師はそれを認めてくれたが、わたしは、彼女の助言を無視したせいで何か起こったとしても彼女の責任ではないと記した書類にサインをさせられた。診療所で血圧を測ったときも同じような数値だったので、すぐに治療が始まった。投薬量を決めるまで何度か診察を受け、ようやくＡＣＥ阻害薬であるリシノプリル20ミリグラムを１日２回、服薬することになった。30代の人間にとってはきわめて積極的な治療である。

34キロ減量したとき、医者は驚いて、診療室でわたしを抱きしめてくれた。そして、投薬量を減らしてみようと言い、何度か試したのちに、もう薬はいらないということになった（医者に相談なしに服薬をやめないように）。

今でもときどき血圧を測っていて、そのたびに自分がやったことに驚いている。拡張期の血圧（下の血圧）は65〜70になった。これは心臓が拡張したときの動脈圧で、ふたつの血圧のうちより重要なものだ。わたしの例が典型的なものかどうかはわからないが、米国心臓協会は体重過多による血圧の上昇と心臓病のリスクの増大を警告している。[※5] 現在、太っていて、そうした病気を抱えている人は、減量によって問題が緩和されるかもしれない。

肥満状態にあった頃、わたしは、たとえ治療を始めていたとはいえ、自分の命を危険にさらしていたのだ。そして、減量できたのは自分にとってもうれしいことだが、まだ小さな活動的な子供たちにつきあうことができるのを感謝している。願わくばそれがずっと続いてほしい。

わたしたち著者ふたりの話を励みにしてもらいたい。ロブの経験は、クリスに比べると少し深刻だ。血圧が下がったという話は単に胴回りが細くなってうれしいというだけではなく（もちろん胴回りが細くなるのはうれしいことだが）、より長く、健康的に生きるチャンスを新たに得たということでもある。その結果、幸せな瞬間を何年も積み重ねていけるだろう。

ロブの話はわたしたちの重要なメッセージにつながる。わたしたちはエコノミストとして、消費に関する意思決定をするときはいつも費用と便益を計算するべきだと論じてきた。もちろん、ごちそうを楽しむときもあるが、食べすぎは将来の健康を脅かすことを意識すべきだ。多くの経済的な問題と同じように、肥満の蔓延には、現在により重きを置いて、将来を過少評価するというきわめて人間的な傾向が反映されている。将来は予測できないので、どうしてもそうなってしまうのだろう。

けれど、ロブの話から学べるのは、長年の過食の結果は予測できるということだ。将来の健康ではなく、今、過食を楽しむのは、市場の変動やインフレーションといった概念を無視していることになる。そうでなければ、将来の健康に良いことを確信できるような意思決定ができるはずだ。

わたしたちは減量を成功させるために、そもそもなぜ太ったのかを時間をかけて考えた。そして、エコノミストとして、問題を豊かさと将来の軽視という枠組みでとらえ、消費者の多くが直面する問題に取り組むための最善の行動を考え出した。けれど、本書が決定的な答えだとは思っていない。もちろん、本書が提案する最善の行動は減量に大きく役立つはずだが、読者のみなさんもそうした行動を実践するうちに、さらに学ぶことがあるだろう。わたしたちはツイッター（@ecodiet）で積極的に発信しているので、みなさんの減量体験もぜひ聞かせてほしい。みなさんの物語、アイデア、経験、そして、できればみなさんの体重をツイートしてほしい。みなさんの幸運を祈り、みなさんの話を聞くのを楽しみにしている。

## 最善の行動のチェックリスト

### 6つの重要な小さな習慣

・毎日体重を量る
・しっかりとした食事をするのは1日に1度
・カロリーを意識する
・流行のダイエット法やダイエット食品に無駄なお金を使わない
・食事の変化を制限する
・プチごちそう／プチ断食の習慣を取り入れる

### 25のさらなる小さな習慣

・空腹と満腹を伝える身体の合図を聞く
・空腹をすぐに満たそうとしない
・友人や家族に精神的な支援を求める
・何を食べるかを決める指針となるメタルールを確立する
・しっかりした食事、軽い食事、多すぎる食事をきちんと認識し、1日に食べる量を管理

する

・キッチン道具は必要なものだけを買う。決して使わないような洒落た道具は必要ない

・スナック菓子は手の届かないところへしまう。買わないと決めればさらにいい

・太っているいいわけをやめる

・飲みものではカロリーを摂らない

・体重計を使って実験をする。役に立つなら食事日記をつける

・パン、パスタ、ピザ、糖分など炭水化物の摂取を控える

・現実的な長期減量目標と、やる気を高めるための小さな短期目標を立てる

・20キロ以上の減量は、18カ月かそれ以上をかけて取り組む

・アップセリングに乗らない

・できるだけ小さなサイズを注文する

・食品の宣伝、とくに「ライト」という言葉に騙されない

・可能であれば、食料品はネットショップで買う。または買いものリストを作って、店で衝動買いをするのを抑える

・大量安売りのスーパーは避ける

・コーヒーや紅茶には砂糖や人工甘味料を入れない

・職場に持っていく弁当をサラダや残りものにする

・その場しのぎのダイエット法はすべて無視する。食べる量を永遠に減らすことを覚悟する
・家でもっと食事を作る
・休暇に備えて配分をする。事前にカロリーを抑えるか、あとから負債を支払う
・ごちそうは夜ではなく昼に食べる
・ごちそうは何を食べるかを慎重に選ぶ。心からおいしいと思わない料理を食べてカロリーを無駄に摂取しない

# 謝辞

本を執筆する過程では、多くの人から協力やアドバイスをもらう。本書もさまざまな人の考え、着想、批判がなければできあがらなかった。ダイエットについて、本書について、ここ何年かのあいだに意見を交わしたすべての人に感謝したい。

とくに、メリッサ・サーバー・ホワイトは初期の段階からこのプロジェクトに熱心に関わり、わたしたちのアイデアを本に仕立ててくれた。彼女がいなければ本書は実現しなかっただろう。また出版社であるタッチストーンのカラ・ベディックやララ・ブラックマンを含むチームのみなさんの熱心な仕事に感謝する。とくに、カラの見識と緻密で明断で理解あるフィードバックによって、本書は可能な限り実践的なアドバイスを提供できるようになった。最後に、ふたりのエコノミストが著す本書が無味乾燥で専門的なものにならずにすんだのは、ブルック・ケアリーのおかげだ。

友人、同僚、仲間は本書のアイデアに多くの影響を与えてくれ、出版の世界を進んでいくための力を貸してくれた。ひとりひとりの名を挙げることはできないが、とくにドン・バプテシテ、トッド・ヘンリー、スーザン・ドイル、ボブ・ライタン、リサ・ゲッター、ジェシー・ハミルトン、アイシャ・セイラム、ジェイソン・アーヴェロ、チャールズ・ブロック、ネイサン・ディーン、フィダ・ハナ、アリ・アバス、デヴィッド・クナップ、ティム・ディソン、ジョー・ディクソン、アラン・ジョーンズ、オマール・ネギャル、エイドリアン・ブレトル、ダン・ホランド、ピーター・リケット、ジェイソン・マン、トム・キリアカウディス、エドワード・グリフィン、エマ・グリフィン、ニーダ・セムナーニ、ルジン・アルシャルファン、ミーガン・ポールソンにはとてもお世話になった。もちろん、家族の協力は不可欠だった。クリスは義母のハウラ・ニムリ（食べることを節制することにもっとも長けている）、義妹のナジャット・ジアデからアイデアをもらった。兄のリチャード、父イアン、母ポーリンは、他にやることがあるはずの時間を割いて何度も原稿を読み、意見を交わし、クリスを支えてくれた。最後に、妻ナディアの愛と忍耐と協力とアイデアに感謝したい。本書が生まれるずっと以前に、クリスは太ることなく食べることを楽しむというナディアの考え方を取り入れてきた。

ロブからは妻のアン＝マリーに感謝を。彼女は減量を成功させるための試練をともに耐え、クリスとロブが4年近くかけて本書を執筆するのを支えてくれた。また、ロブが休暇に体重計を持ち歩くようになり、そのために他の荷物を減らさなくてはならなくなっても、ロブを見捨てないでくれた。父のケン、母シェリリン、妹キャシーとその夫ティムもいつも協力してくれた。また、いつも自家製のチェックス・ミックスをほおばらせようとする義母カレン、義理のきょうだいのメアリー、タイラーに感謝する。さらに、２０１４年に体重計がおかしいことを指摘してくれたデヴィッド、ありがとう。

# 巻末注

## はじめに・序章


1. Sherry Rauh, "Is Fat the New Normal?" WebMD, www.webmd.com/diet/obesity/features /is-fat-the-new-normal#1.
2. Livestrong .com によると「ティーンエイジャーの 90 パーセントは定期的にダイエットをし、子供の 50 パーセントはダイエットをしようとしたことがある」Tammy Dray, "Facts & Statistics About Dieting," Livestrong .com, July 1, 2015, www.livestrong .com /article /390541-facts-statistics-aboutdieting.
3. Vanessa K. Ridaura et al., "Gut Microbiota from Twins Discordant for Obesity Modulate Metabolism in Mice," *Science* 341 (September 6, 2013): doi: 10.1126 / science.1241214.
4. Susan Teitelbaum et al., "Associations Between Phthalate Metabolite Urinary Concentrations and Body Size Measure in New York City Children," *Environmental Research* 112 (January 2012): 186–93: doi: 10.1016 /j.envres.2011.12.006.
5. 肥満の原因に関する最近の研究についての要約は、Sandra Aamodt, *Why Diets Make Us Fat: The Unintended Consequences of Our Obsession with Weight Loss* (New York: Current, 2016), 83–156.
6. Gary Taubes, *Why We Get Fat and What to Do About It* (New York: Random House: Anchor Books, 2011), 10.
7. Aamodt, *Why Diets Make Us Fat*, 130–35.
8. Cheryl D. Fryar, Margaret D. Carroll, and Cynthia L. Ogden, "Prevalence of Overweight, Obesity, and Extreme Obesity Among Adults: United States, Trends 1960–1962 Through 2009–2010," Centers for Disease Control and Prevention, National Center for Health Statistics, www.cdc.gov/nchs/data/hestat/obesity_adult_09_10/obesity_adult_09_10.htm.
9. 同上
10. 世界保健機関 "Obesity and Overweight Factsheet," last modified June 2016, www .who.int/mediacentre/factsheets/fs311/en.
11. 同上
12. "Global Database on Body Mass Index: An Interactive Surveillance Tool for Monitoring Nutrition Transition," World Health Organization, http://apps.who.int/bmi/index.jsp.
13. David M. Cutler, Edward L. Glaeser, and Jesse M. Shapiro, "Why Have Americans Become More Obese?" *Journal of Economic Perspectives* 17 (Summer 2003): 93–118: doi: 10.1257 /089533003769204371.

14. The Maddison-Project, www.ggdc.net /maddison /maddison-project /home.htm, 2013 version.

15. "Serving Sizes and Portions," National Heart, Lung, and Blood Institute, www.nhlbi.nih.gov/health/ducational/wecan /eat-right /distortion.htm.

16. John Maynard Keynes, *The General Theory of Employment, Interest and Money* (1936; repr., London: Macmillan Press, 1973), 96.（『雇用、利子および貨幣の一般理論』岩波書店　等）

17. Cynthia L. Ogden and Margaret D. Carroll, "Prevalence of Overweight, Obesity, and Extreme Obesity Among Adults: United States, Trends 1960–1962 Through 2007–2008," Table 2, Centers for Disease Control and Prevention, National Center for Health Statistics, June 2010, www.cdc.gov/nchs/data/hestat/obesity adult 07…/obesity_adult_07_08.pdf.

18. Adam Smith, *The Wealth of Nations* (1776; repr., Amherst, NY: Prometheus Books, 1991), 174.（『国富論 国の豊かさの本質と原因についての研究』日本経済新聞出版社　等）

19. Tibor Scitovsky, *The Joyless Economy: The Psychology of Human Satisfaction* (New York: Oxford University Press, 1992), 59–63.

### 1章　希少性――なぜ毎日体重を量るべきか

1. Erin Fothergill et al., "Persistent Metabolic Adaptation 6 years After 'The Biggest Loser' Competition," Obesity 24, (August 2016): 1612-19, http://onlinelibrary.wiley.com/doi/10.1002/oby.21538/full.

2. Sendhil Mullainathan and Eldar Shafir, *Scarcity: The New Science of Having Less and How It Defines Our Lives* (New York: Picador, 2014), 115, 155.

3. 同上、39-66

4. Lamar Salter, "How to Trick Your Brain and Control Your Impulses," Business Insider, last modified August 12, 2015, www.businessinsider.com/trick-brain-control-eating-impulses-psychology-2015-7.

5. Mona Chalabi, "How Much Weight Will I Gain at Christmas and How Long Will It Take to Lose It?" Guardian, December 20, 2016, .www.theguardian.com/news/reality-check/2013/dec/20/how-much-weight-will-i-gain-at-christmas-and- how-long-will-it-take-to-lose-it.

6. 同上

7. Carly R. Pacanowski and David A. Levitsky, "Frequent Self-Weighing and Visual Feedback for Weight Loss in Overweight Adults," *Journal of Obesity* (June 2015), https.//www.hindawi.com/journals/jobe/2015/763680.

8. 同上。2グループの患者に対して研究が実施された。第一のグループは無作為に選ば

れ、日々の体重測定からのフィードバックにもとづいて食べものの摂取量を減らすという方法に従って2年間を過ごした。第二のグループは、1年経過してから同じ方法を実施した。最初の1年間、2グループの間では、減量にかなりの差が観察された。2年目は、第一のグループのメンバーは減量した体重を維持し、第二のグループのメンバーの体重も第一のグループのメンバーと同じように減った。

9. Krishna Ramanujan, "Keeping Track of Weight Daily May Tip Scale in Your Favor," Cornell Chronicle, June 12, 2015, www.news.cornell.edu/stories/2015/06/keeping-track-weight-daily-may-tip-scale-your-favor.

## 2章　豊かさ——1日3食の神話をぶち壊す

1. "Estimated Calorie Needs per Day by Age, Gender, and Physical Activity Level," US Department of Agriculture, https://www.cnpp.usda.gov/sites/default/.../EstimatedCalorieNeedsPerDayTable.pdf.
2. "US Personal Saving Rate," セントルイス連邦準備銀行 https://fred.stlouisfed.org/series/ PSAVERT/.
3. Abigail Carroll, *Three Squares: The Invention of the American Meal* (New York: Basic Books, 2013), 2–5.
4. Denise Winterman, "Breakfast, Lunch, and Dinner: Have We Always Eaten Them?" BBC News Magazine, November 15, 2012, www.bbc.co.uk/news/magazine-20243692.
5. Anneli Rufus, "There Is No Biological Reason to Eat Three Meals a Day—So Why Do We Do It?" AlterNet, September 23, 2011, www.alternet.org/story/152486/there_is_no_biological_reason_to_eat_three_meals_a_day--_so_why_do_we_do_it.
6. Carroll, Three Squares, 7.
7. 同上、chapter 3
8. 同上、chapter 5、とくに125–26頁
9. 同上、chapter 6
10. *Eating for Victory: Healthy Home Front Cooking on War Rations* (London: Michael O'Mara Books, 2007).
11. Fothergill et al., "Persistent Metabolic Adaptation," 1612–19, http://onlinelibrary.wiley.com/doi/10.1002/oby.21538 /full.
12. 同上
13. 世界保健機関 "Overweight (Body Mass Index ≥ 25), Age-Standardized (%), Estimates by Country," Global Health Observatory data repository, http://apps.who.int/gho/data/ node.main.A897A?lang=en

## 3章　データ――カロリーを計算するのではなく意識する

1. "Estimated Calorie Needs per Day by Age, Gender and Physical Activity Level," 米国農務省 , https://www.cnpp.usda.gov/sites/default/..../..../EstimatedCalorieNeedsPerDayTable.pdf.
2. Aaron E. Carroll, "The Failure of Calorie Counts on Menus," *New York Times*, November 30, 2015, www.nytimes.com/2015/12/01/upshot/more-menus-have-calorie-labeling-but-obesity-rate-remains-high.html?_r=0.
3. 米国農務省 Branded Food Products Database 参照 : https://ndb.nal.usda.gov/ndb/foods.
4. Lorien E. Urban et al., "The Accuracy of Stated Energy Contents of Reduced-Energy, Commercially Prepared Foods," Journal of the American Dietetic Association 110, (January 2010): 116–23, doi: 10.1016/j.jada.2009.10.003.
5. 同上
6. Lauren Gensler, "Oprah Pays $43 Million for Weight Watchers Stake, Stock Spikes," *Forbes*, October 19, 2015, www.forbes com/sites/laurengensler/2015/10/19/weightwatchers-oprah-winfrey/#2ac48ad17b3b www.forbes.com/sites/laurengensler/2015/10/19/weightwatchers-oprah-winfrey/#2ac48ad17b3b.)
7. Susan A. Jebb et al., "Primary Care Referral to a Commercial Provider for Weight Loss Treatment Versus Standard Care: A Randomised Controlled Trial," *Lancet* 378, no. 9801 (October 22, 2011): 1485–92, www.thelancet.com/journals/lancet/article/PIIS0140-6736(11)61344-5/fulltext.
8. M. R. Lowe, K. Miller-Kovach, and S. Phelan, "Weight-Loss Maintenance in Overweight Individuals One to Five Years Following Successful Completion of a Commercial Weight Loss Program," *International Journal of Obesity* 25 (March 2001): 325–31, www.nature.com/ijo/journal/v25/n3/full/0801521a.html.
9. Ashley Collman, "High school science teacher who lost 60 pounds eating McDonald's for every meal is now a brand ambassador for the company," *Daily Mail*, last modified May 12, 2015, http://www.dailymail.co.uk/news/article-3077366/High-school-science-teacher-lost-60-poundseating-McDonald-s-meal-brand-ambassador-company.html.

## 4章　買い手は用心せよ――ダイエット業界のために時間と金を使わない

1. Daniel Kahneman, *Thinking Fast and Slow* (2011; repr., London: Penguin, 2012), 105.（『ファスト＆スロー　あなたの意思はどのように決まるか？』早川書房　村井章子 訳）
2. 同上　21.
3. German Lopez, "A Medium Cup of Coca-Cola Has More Added Sugar Than You Should Drink in a Day," Vox, last modified November 24, 2014, www.vox.com/

xpress/2014/11/24/7275749/coke-sugar-cup.

4. "Guidance for Industry; A Food Labeling Guide (9. Appendix A: Definitions of Nutrient Content Claims)," US Food and Drug Administration, last modified August 20, 2015, www.fda.gov/Food/GuidanceRegulation/GuidanceDocumentsRegulatoryInformation/LabelingNutrition/ucm064911.htm.

5. Cristin E. Kearns, Laura A. Schmidt, and Stanton A. Glantz, "Sugar Industry and Coronary Heart Disease Research: A Historical Analysis of Internal Industry Documents," *JAMA Internal Medicine* 176(November 2016):1680-85, doi:10.1001/jamainternmed.2016.5394.

6. 同上

7. 同上

8. Anahad O'Connor, "Research Group Funded by Coca-Cola to Disband," *New York Times*, December 1,2015, *Well* (blog), https://well.blogs.nytimes.com/2015/12/01/research-group-funded-by-coca-cola-to-disband/?_r=1.

9. Elizabeth Lopatto and Michelle Fay Cortez, "Obesity Drops Among Young Children in U.S., Report Says," Bloomberg, last modified February 26,2014, www.bloomberg.com/news/2014-02-25/obesity-drops-among-young-children-in-u-s-report-says.html.

10. Mary Story and Simone French, "Food Advertising and Marketing Directed at Children and Adolescents in the US," *International Journal of Behavioral Nutrition and Physical Activity* 1 (February 10,2004), table 6: Chronology of Key Events in US Regulations on Advertising to Children, https://ijbnpa.biomedcentral.com/articles/10.1186/1479-5868-1-3.

11. Meghan Casserly, "Beyonce's $50 Million Pepsi Deal Takes Creative Cues from Jay Z," Forbes, December 10, 2012, www.forbes.com/sites/meghancasserly/2012/12/10/beyonce-knowles-50-million-pepsi-deal-takes-creative-cues-from-jay-z/#94dc5343bf8b.

12. Paco Underhill, *Why We Buy: The Science of Shopping* (New York: Simon & Schuster, 1999).（『なぜこの店で買ってしまうのか――ショッピングの科学』早川書房　鈴木主税・福井昌子 訳）

13. David R. Bell, Daniel Corsten, and George Knox, "From Point of Purchase to Path to Purchase: How Preshopping Factors Drive Unplanned Buying," *Journal of Marketing* 75 (January 2011): 31-45, http://journals.ama.org/doi/abs/10.1509/jmkg.75.1.31?code=amma-site&journalCode=jmkg.

14. "Not on the List? The Truth About Impulse Purchases," Knowledge@Wharton, last modified January 7, 2009, http://knowledge.wharton.upenn.edu/article/not-on-the-list-the-truth-about-impulse-purchases.

15. Kahneman, *Thinking Fast and Slow*, 41, 105.（『ファスト&スロー　あなたの意思

はどのように決まるか？』早川書房　村井章子 訳）
16. Gary W. Evans and Jennifer Rosenbaum, "Self-Regulation and the Income-Achievement Gap," *Early Childhood Research Quarterly* 23 (4th Quarter 2008): 504-14, www.sciencedirect.com/science/article/pii/S0885200608000549.
17. Walter Mischel, Ebbe B. Ebbesen, and Antonette Raskoff Zeiss, "Cognitive and Attentional Mechanisms in Delay of Gratification," *Journal of Personality and Social Psychology* 21 (February 1972): 204-18, PMID:2658056.
18. Tanya R. Schlam et al., "Preschoolers' Delay of Gratification Predicts Their Body Mass 30 Years Later," *Journal of Pediatrics* 162 (January 2013): 90-93, doi: 10.1016/j.jpeds.2012.06.049.
19. Janet Polivy, "Psychological Consequences of Food Restriction," *Journal of the American Dietetic Association* 96 (June 1996): 589-92, doi:10.1016/S002-8223(96)00161-7.
20. Sharon P. G. Fowler, Ken Williams, and Helen P. Hazuda, "Diet Soda Intake Is Associated with Long-Term Increases in Waist Circumference in a Bi-Ethnic Cohort of Older Adults: The San Antonio Longitudinal Study of Aging," *Journal of American Geriatrics Society* 63 (April 2015): 708-15,www.ncbi.nlm.nih.gov/pmc/articles/PMC4498394.
21.Mary Squillance, "10 Reasons to Give Up Diet Soda," Health, www.health.com/health/gallery/0,,20739512,00.html.
22. Toby Amidor, "Veggie Chips: Are They Healthy," Food Network, Health Tips, Health Eats (blogs), last modified October 10,2011,http://blog.foodnetwork.com/healthyears/2011/10/10/veggie-chips-are-they-healthy. などを参照。

## ５章　均衡――変化は人生のスパイスだが、肥満の原因にもなる

1. Carl Menger, *Principles of Economics*, trans. James Dingwall and Bert F. Hoselitz (Glencoe, IL: Free Press, 1950), 127. （『国民経済学原理』日本経済評論社）
2. Richard G. Lipsey and K. Alec Chrystal, *Principles of Economics*, Oxford: Oxford University Press, 1999), 89.
3. "Institute of Medicine–Estimated Energy Requirement (EER)," Global RPh, www.globalrph.com/estimated_energy_requirement.htm.

## ６章　配分する――ごちそうを食べつつ痩せる

1. William Poundstone, Prisoner's Dilemma: John von Neumann, Game Theory, and the Puzzle of the Bomb (1992; repr., New York: Anchor Books, 1993), 118.
（ウィリアム・パウンドストーン『囚人のジレンマ――フォン・ノイマンとゲームの理論』青土社　松浦俊輔 訳）
2. Tibor Scitovsky, *The Joyless Economy: The Psychology of Human Satisfaction* (New York: Oxford University Press, 1992), 65–66.

3. Kathleen M. Zelman, "Diet Truth or Myth: Eating at Night Causes Weight Gain," WebMD, http://www.webmd.com/diet/features/diet-truth-myth-eating-night-causes-weight-gain#1
4. David Stipp, "How Intermittent Fasting Might Help You Live a Longer and Healthier Life," Scientific American, January 1, 2013, www.scientificamerican.com/article/how-intermittent-fasting-might-help-you-live-longer-healthier-life.
5. Leonie K. Heilbronn and Eric Ravussin, "Calorie Restriction and Aging: Review of the Literature and Implications for Studies in Humans," American Journal of Clinical Nutrition 78 (September 2003): 361–69, http://ajcn.nutrition.org/content/78/3/361.abstract?ijkey=7ac6b23639d259241484ea7fad8a44db1ef28be8&keytype2= tf_ipsecsha&cited-by= yes&legid= ajcn;78 /3/361.
6. 同上
7. Ricki J. Colman et al., "Caloric Restriction Reduces Age-Related and All-Cause Mortality in Rhesus Monkeys," Nature Communications 5 (April 14, 2014): doi: 10.1038/ncomms4557.
8. 同上
9. John G. Taft, "You Only Live Once, So Do It Warren Buffett's Way," Huffington Post, October 28, 2014, www.huffingtonpost.com/john-g-taft/you-only-live-once-do-it-_b_5725112.html.

## おわりに

1. Donald Marron, Maeve E. Gearing, and John Iselin, *Should We Tax Unhealthy Foods and Drinks?* (Washington, DC: Tax Policy Center, Urban Institute and Brookings Institution, December 2015), 1, www.taxpolicycenter.org/publications/should-we-tax-unhealthy-foods-and-drinks/full.
2. 同上
3. 同上 2
4. Friedrich Nietzsche, *Twilight of the Idols* (1889; repr., London: Penguin Books, 1990), 76.（『偶像の黄昏 反キリスト者』ちくま学芸文庫　等）
5. *Understanding and Managing High Blood Pressure*, 米国心臓協会および米国脳卒中協　会 (Dallas: 2014), www.heart.org/idc/groups/heart-public/@wcm/@hcm/documents/downloadable/ucm_461840.pdf.

［著者］

**ロバート・バーネット**（Robert Barnett）

クレムゾン大学にて電気工学の学士号と修士号を、ボストン大学にて経済学の修士号を取得。ワシントンD.C.のブルームバーグ・ガバメントにてシニア・エネルギー・エコノミストや、ボストンのＩＨＳケンブリッジ・エネルギー・リサーチ・アソシエイツの気候変動とクリーンエネルギー部門のアソシエイト・ディレクターなどを歴任。現在はロンドンに在住し、ブルームバーグ・インテリジェンスのエネルギー政策のシニアアナリストを務めている。15年以上にわたりエネルギー分野の専門家として政策立案者、フォーチュン500企業の重役らに投資アドバイスをしており、気候変動対策、石炭規制、石油ビジネスの将来などについて多数の報告書の作成実績がある。

**クリストファー・ペイン**（Christopher Payne）

ケンブリッジ大学卒業。ロンドン・スクール・オブ・エコノミクスにて修士号・博士号を取得。プライスウォーターハウスクーパースでは公認会計士として、ＪＰモルガン・チェースでは、アジア株のバイスプレジデント、Ｆ＆Ｃアセットマネジメントでは、新興市場株ファンドの運用者としてキャリアを積む。ブルームバーグでは、シニアエコノミストとしてドッド＝フランク・ウォール街改革・消費者保護法、バーゼルⅢ、米国の金融財政政策について多くのレポートを著した。クウェート・インスティテュート・オブ・バンキング・スタディーズでは主任研究員として、クウェート中央銀行などの主要金融機関のために同国の銀行金融システムの未来について報告書を作成。著書に、『The Consumer, Credit and Neoliberalism: Governing the Modern Economy』（未邦訳）がある。

［訳者］

**月沢李歌子**（つきさわ・りかこ）

翻訳家。訳書に『ラテに感謝！ How Starbucks Saved My Life――転落エリートの私を救った世界最高の仕事』『【新訳】積極的考え方の力――成功と幸福を手にする17の原則』『ビジネス・クリエーション！――アイデアや技術から新しい製品・サービスを創る24ステップ』（以上ダイヤモンド社）など多数。津田塾大学英文学科卒、外資系金融機関勤務を経て現職。

# やせる経済学
## ――世界でいちばん経済合理的に体重を減らす方法

2019年6月12日　第1刷発行

著　者――ロバート・バーネット、クリストファー・ペイン
訳　者――月沢李歌子
発行所――ダイヤモンド社
〒150-8409　東京都渋谷区神宮前6-12-17
http://www.diamond.co.jp/
電話／03·5778·7232（編集）　03·5778·7240（販売）
装丁――bookwall
本文デザイン・DTP――matt's work
校正――三森由紀子
製作進行――ダイヤモンド・グラフィック社
印刷／製本――勇進印刷
編集担当――木下翔陽


ISBN 978-4-478-10226-8